簿記
日商3級試験の解法

奥村正郎 編著

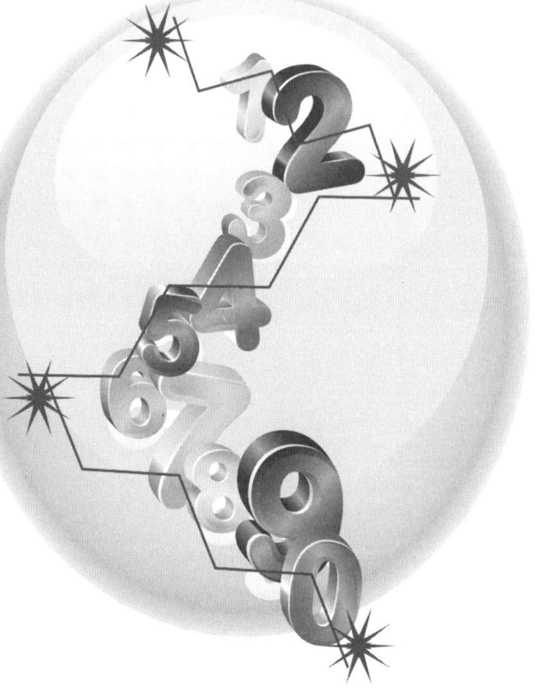

学 文 社

はしがき

本書は，日商簿記検定対策実戦用のテキスト兼問題集です。入門書を学習後，実際に過去問を解くと入門レベルの知識だけでは難しいと感じる人が多いと思います。

そこで，その穴を埋めて合格レベルの実力をつけることを目的としたのが本書です。

日商検定では，全部で５問出題されます。毎回，出題の順番は決まっていて，その５問の対策がそれぞれ必要になります。合格には，過去に出題された問題を練習しておけば合格点は取れますが，たまに視点を変えた問題が出題され受験生をあわてさせます。しかしこのような問題に深入りするのは少し危険です。

やはり何度も繰り返し出題されている問題を確実に解けるようにすることが肝心でしょう。

本書では，基礎知識の確認そして第１章から第５章までを第１問から第５問に見立てて構成しました。入門者は簿記の基礎知識から，また，一通り学習をしたことがある人はどの章から始めても構いません。そして実戦編として最後に過去出題問題を３回分掲載しました。各章を学習するにあたり，基本的事項をまず確認し，理解していると思った場合は，その項目の問題を解いてみましょう。解答が解答欄の後についていますので，すぐに答え合わせができます。また，わからなかった場合，解説を読んでください。そうすることによって理解を深め，実力をアップさせてください。正解の場合でも自分のやり方と違うもっとよい方法があるかもしれませんので，一通り解説には目を通しましょう。さらに，できなかったところはチェックしておき後日また解いてください。

第１章から第５章まで終わったら最後に過去の検定問題を解いてみましょう。

本書は一冊で検定簿記３級の範囲を網羅する内容になっており，また携帯も可能な大きさにもなっておりますが，簿記の実力をつけるには，何よりも実際に電卓を用い，自力で解いてみることが必要です。是非，机上での練習時間の確保にも努めてください。

最後に，本書が読者皆様の簿記検定合格に役立つことを心より願っております。

著者一同

目　次

第1章　仕　訳

第2章　補助簿

商工会議所簿記検定試験規則（抜すい）

第１条　日本商工会議所は，各地商工会議所と共催して，この規則により簿記検定試験を行う。

第２条　試験は年１回以上行う。この日時及び場所はその都度定める。

第３条　検定は１級を最高とし，１，２，３級の３階級に分ける。

第４条　試験の科目及び程度を次のごとく定める。

級別	科　目	程　度
１級	商業簿記 工業簿記 原価計算 会 計 学 制限時間　３時間	大学程度の商業簿記，工業簿記及び原価計算並びに会計学を修得し，企業会計原則，原価計算基準などの会計基準及び商法，財務諸表規則その他企業会計に関する法令を理解している。
２級	商業簿記 工業簿記 制限時間　２時間	高校程度の商業簿記及び工業簿記（初歩的な原価計算を含む）を修得している。 ５　題　以　内
３級	商業簿記 制限時間　２時間	商業簿記の基礎的な原理を理解し，（商品売買業における）記帳，決算等に関する初歩的な実務を修得している。 ５　題　以　内

第５条　試験の採点は各級とも満点を100点とし，得点70点をもって合格とする。試験問題の点の配分は検定試験の都度定める。
但し１級に限り１科目毎の得点が40％に満たない者は不合格とする。

第６条　合格者には合格証書を授与する。合格証書は別記様式による。

第７条　受験資格は制限しない。

第８条　受験者は二つの級を受験することができる。

第９条　受験者は定めの申込書類及び次の受験料を定めの期日までに提出しなければならない。受験料は別に定める。

受理した受験申込書及び受験料は，試験施行中止などの事情のある場合のほか返還しない。

日商簿記検定試験は毎年，６月，11月，２月に行われます。

第137回簿記検定試験　平成26年6月8日（日）　＜1級～4級＞

第138回簿記検定試験　平成26年11月16日（日）　＜1級～4級＞

第139回簿記検定試験　平成27年2月22日（日）　＜2級～4級＞

試験の詳細についてはお近くの商工会議所へ問い合わせるか，商工会議所の検定試験ホームページ http://www.kentei.ne.jp をご覧になってください。試験概要，試験日程など分からないことがありましたら，お電話下さい。

検定情報ダイヤル　03-5777-8600（年中無休　8:00～22:00）

簿記の基礎知識

簿記の目的

・企業の事業活動を秩序整然と行うための手段の提供
・企業の財政状態および経営成績を報告するための基礎資料の提供

貸借対照表（B/S：Balance Sheet）

・資産………現金・当座預金・受取手形・売掛金・売買目的有価証券・商品・建物・備品等
・負債………買掛金・支払手形・借入金等
・純資産……資本金（元手）

貸借対照表等式

資産＝負債＋純資産

純資産等式

資産－負債＝純資産

企業の資産，負債の内容を財政状態といい，一定時点の財政状態は貸借対照表によって表示される。左側と右側の合計金額は必ず一致する。

貸　借　対　照　表

京都商店　　平成○1年12月31日現在　　（単位：円）

資　産	金　額	負債および純資産	金　額
現　金	300,000	買掛金	200,000
売掛金	700,000	借入金	500,000
商　品	400,000	資本金	1,000,000
備　品	300,000		
	1,700,000		1,700,000

損益計算書（P/L：Profit & Loss Statement）

・収益……売上・商品売買益（分記法）・受取手数料・受取家賃・雑益等
・費用……仕入・給料・支払手数料・消耗品費・旅費交通費・雑費・雑損等

収益－費用＝当期純利益（収益＜費用の場合は当期純損失）

損益計算書等式

費用＋当期純利益＝収益

損　益　計　算　書

京都商店　　平成○1年1月1日から平成○1年12月31日まで　　（単位：円）

費　　用	金　　額	収　　益	金　　額
仕　　　　入	800,000	売　　　　上	1,200,000
給　　　　料	500,000	受取手数料	700,000
支払手数料	350,000	雑　　　　益	100,000
雑　　　　費	50,000		
当期純利益	300,000		
	2,000,000		2,000,000

取引の８要素

簿記上の取引は，資産・負債・純資産および費用・収益に増減変化を及ぼす事項であるが，これには次のような一定の関係があり，このルールに従って借方，貸方に振り分ける。

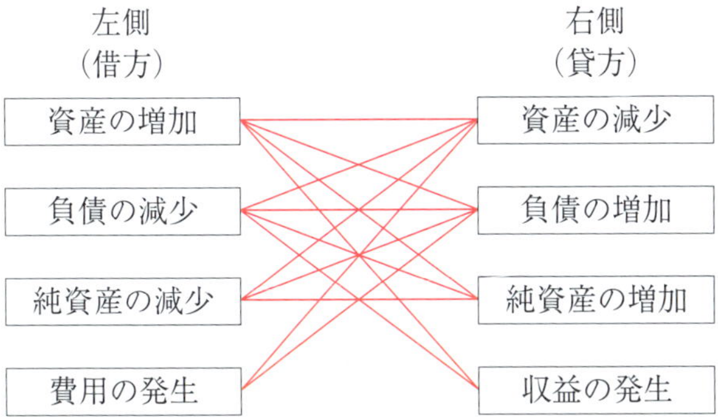

勘定

簿記では，現金，商品，売掛金等のような同一性質の単位に区別して計算をする。

このような計算の単位を勘定（a/c：Accounts）という。各勘定ごとに記録集計する場所を勘定口座といい，具体的勘定の名称を勘定科目という。

（例）現金勘定

（借方）	現金	（貸方）
入金 （＋の場合）		出金 （－の場合）

仕訳

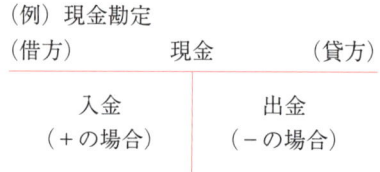

取引を各勘定口座の借方，貸方に分解する手続きを仕訳という。

（例）　現金￥100,000 を元入れして開業した。

（借方）　現　　金　100,000　　（貸方）　資 本 金　100,000

備品￥50,000 を購入し，現金で支払った。

（借方）　備　　品　50,000　　（貸方）　現　　金　50,000

転記

仕訳された金額を各勘定口座ごとに記入することを転記という。

上記の仕訳を転記すると以下のようになる。

現金

100,000	50,000

資本金

	100,000

備品

50,000	

仕訳帳と総勘定元帳

簿記では，学習上，仕訳は仕訳帳に行い，勘定口座を 1 つの帳簿にまとめた総勘定元帳に転記する。

簿記一巡

仕訳帳⇒総勘定元帳⇒試算表⇒決算整理（精算表）⇒損益計算書・貸借対照表

第1章　仕　訳

第1問の出題傾向と対策

第1問は，仕訳問題が5問出題される。本章では，仕訳問題の内容を現金，当座預金，小口現金，商品売買，手形，貸倒れ，有価証券，その他債権・債務，固定資産，資本の処理に項目を分け，それぞれ内容の説明，問題の解答・解説を行っている。近年は，パターン化されている問題だけではなく，少し考えさせる問題も出題される。そのような問題に対処するには普段から仕訳の意味を考えて解くことが必要である。なお，解答に使える勘定科目は，問題文に指定されるので，それ以外のものを使わないように気をつけること。

1 現　金

(1) 現　金

簿記上，以下のものは現金勘定で処理する。

①通貨（紙幣・硬貨），②他人振出小切手，③送金小切手，④郵便為替証書，⑤配当金領収書，⑥支払期限の到来した公社債の利札など。

(2) 現金過不足

現金過不足勘定は，現金の帳簿残高と実際（手もと）有高とが一致しない場合に，その差額の仮の勘定として使用する。原因がわかったら正しい勘定に振り替える。また，決算日になっても原因がわからない場合は，決算時，雑益や雑損に振り替える。

(仕訳例)

① 現金実際有高が不足。

例題 実際有高が¥98,000，帳簿残高が¥100,000。

（借方）現金過不足　2,000　（貸方）現　　金　2,000

② 現金実際有高が過剰。

例題 実際有高が¥101,000，帳簿残高が¥97,000。

（借方）現　　金　4,000　（貸方）現金過不足　4,000

③ 不足の原因判明時。

例題 不足額¥2,000は，切手代支払いの記入漏れ。

（借方）通 信 費　2,000　（貸方）現金過不足　2,000

④ 過剰の原因判明時。

例題 過剰額¥4,000は，受取手数料の記入漏れ。

（借方）現金過不足　4,000　（貸方）受取手数料　4,000

⑤ 決算日になっても不足の原因不明の場合。

例題 不足額¥2,000の原因が不明。

（借方）雑　　損　2,000　（貸方）現金過不足　2,000

⑥ 決算日になっても過剰の原因不明の場合。

例題 過剰額¥4,000の原因が不明。

（借方）現金過不足　4,000　（貸方）雑　　益　4,000

練習問題

問題 現 金

次の取引の仕訳をしなさい。ただし，勘定科目は下記の中から最も適当と思われるものを選ぶこと。

現　　金	現金過不足	売 掛 金	有価証券利息
受取手数料	雑　　益	雑　　損	通 信 費
交 通 費	受取家賃	受取配当金	

1．得意先湘南商店から売掛金の回収として，￥30,000の郵便為替証書と同店振り出しの小切手￥270,000を受け取った。

2．所有している関東電力株式会社の株式について，同社から配当金領収書￥100,000が郵送されて来た。

3．かねてより所有している富士商事株式会社の社債につき，本日利払日の到来した利札￥20,000があった。

4．現金の実際有高が帳簿残高より，￥53,000過剰であったので，かねて現金過不足勘定で処理しておいたが，その後原因を調べたところ，家賃受取額￥50,000の記帳漏れが判明した。しかし，残りの過剰額については不明のため，雑益として処理することとした。

5．現金の実際有高が帳簿残高より￥25,000不足していたので，かねて現金過不足勘定で処理しておいたが，その後，原因を調査したところ，交通費の支払額￥18,000，通信費の支払額￥15,000および手数料の受取額￥10,000が記入漏れであることが判明した。なお，残額は原因不明のため，雑損として処理することとした。

	借方科目	金　額	貸方科目	金　額
1				
2				
3				
4				
5				

問題の解答・解説

問題の解答

	借方科目	金額	貸方科目	金額
1	現金	300,000	売掛金	300,000
2	現金	100,000	受取配当金	100,000
3	現金	20,000	有価証券利息	20,000
4	現金過不足	53,000	受取家賃 雑益	50,000 3,000
5	交通費 通信費 雑損	18,000 15,000 2,000	現金過不足 受取手数料	25,000 10,000

問題の解説

1．郵便為替証書の受け取りは現金扱い。郵便局で換金できる。

2．配当金領収書の受け取りは現金扱い。郵便局，銀行等で換金できる。
　貸方勘定は受取配当金となる。

3．支払期限の到来した利札は現金扱い。
　貸方勘定は有価証券利息となる。

4．現金実際有高が過剰であったときの仕訳
　現金 53,000 ／現金過不足 53,000

5．現金実際有高が不足であったときの仕訳
　現金過不足 25,000 ／現金 25,000
　原因が判明したものから仕訳し，借方に出た差額を雑損とする。

助言　現金過不足勘定は，一時的な勘定であり，原因判明時は該当科目へ，決算時でも不明のときは雑損か雑益に振り替える。

2 当座預金

(1) 当座預金

当座預金は，小切手を振り出すことにより通貨に代えて支払い手段とすることができる預金である。また当座預金の残高がなくても当座借越契約を結ぶことで契約限度額までは自動的に借り入れることができる。

(仕訳例)

① 当座預金への現金￥80,000預け入れ。

(借方) 当座預金	80,000	(貸方) 現　金	80,000

② 当座預金への小切手￥100,000預け入れ。

(借方) 当座預金	100,000	(貸方) 現　金	100,000

③ 仕入代金￥50,000を小切手で支払った。

(借方) 仕　入	50,000	(貸方) 当座預金	50,000

(2) 当座借越……二勘定制

当座借越勘定（負債）は，小切手を振り出すことにより当座勘定の残高がマイナスになった場合に使用する勘定である。ただし，当座借越契約が結ばれていることが前提となる。

(仕訳例) 以下の①②は連続した取引とする。

① 買掛金￥120,000の支払いのため小切手を振り出した。ただし，当座預金残高は￥100,000であったが，借越限度額￥500,000の当座借越契約を結んでいた。

(借方) 買掛金	120,000	(貸方) 当座預金	100,000
		当座借越	20,000

② 売掛金の回収として小切手￥50,000を受け取り，ただちに当座預金とした。

(借方) 当座借越	20,000	(貸方) 売掛金	50,000
当座預金	30,000		

(3) 当座……一勘定制

当座勘定は，当座預金勘定と当座借越勘定を一つに統合したもの。
上記（2）①②を当座勘定を用いて処理した場合，以下のようになる。

①	（借方）買掛金	120,000	（貸方）当　座	120,000
②	（借方）当　座	50,000	（貸方）売掛金	50,000

練習問題

問題1 当座預金

次の連続した取引について，（1）当座預金勘定と当座借越勘定を用いる場合と（2）当座勘定を用いる場合の仕訳をしなさい。

1．松友銀行と借越限度額￥200,000の当座借越契約を結ぶとともに，現金￥500,000を預け入れた。
2．川越商店から備品￥400,000を購入し，代金を小切手を振り出して支払った。
3．船橋商店から商品￥150,000を仕入れ，代金を小切手を振り出して支払った。
4．川崎商店に商品￥200,000を売り上げ，代金は同店振り出しの小切手で受け取り，ただちに松友銀行の当座預金に預け入れた。

（1）当座預金勘定と当座借越勘定を用いる場合

	借方科目	金　額	貸方科目	金　額
1				
2				
3				
4				

（2）当座勘定を用いる場合

	借方科目	金　額	貸方科目	金　額
1				
2				
3				
4				

問題2 当座預金

次の取引を仕訳しなさい。ただし，当座預金は二勘定制とする。

1．月初に月末払いの約束で備品￥300,000を購入したが，本日その代金を小切手を振り出して支払った。

2．現金の実際有高が帳簿残高より￥120,000過剰であったため，現金過不足勘定で処理しておいたところ，本日，￥100,000は売掛金回収の記入漏れであることがわかった。なお，残額は原因不明のため，雑益として処理することにした。

3．売買を目的としたA社株式1,000株を@￥1,000で買い入れ，代金は手数料￥10,000とともに小切手を振り出して支払った。なお，当座預金の預金残高は￥500,000であったが，借越限度額￥1,000,000の当座借越契約を結んでいる。

4．福島商店から商品￥1,230,000を仕入れ，代金は小切手を振り出して支払った。

なお，当座預金残高は￥800,000であったが，借越限度額￥500,000の当座借越契約を結んでいる。

5．町田商店は，先に注文しておいた備品￥300,000を受け取り，代金のうち￥30,000は，注文時に支払った手付金と相殺し，残額は小切手を振り出して支払った。

なお，当座預金の預金残高は￥200,000であったが，借越限度額￥300,000の当座借越契約を結んでいる。

	借方科目	金　額	貸方科目	金　額
1				
2				
3				
4				
5				

問題の解答・解説

問題1の解答

（1）当座預金勘定と当座借越勘定を用いる場合

	借方科目	金 額	貸方科目	金 額
1	当座預金	500,000	現金	500,000
2	備品	400,000	当座預金	400,000
3	仕入	150,000	当座預金 当座借越	100,000 50,000
4	当座借越 当座預金	50,000 150,000	売上	200,000

（2）当座勘定を用いる場合

	借方科目	金 額	貸方科目	金 額
1	当座	500,000	現金	500,000
2	備品	400,000	当座	400,000
3	仕入	150,000	当座	150,000
4	当座	200,000	売上	200,000

問題1の解説

（1）当座預金勘定と当座借越勘定を用いる場合（二勘定制）

1．借越限度額￥200,000については仕訳の必要はない。

2．残高￥500,000内の支払いなので通常の小切手振り出しの仕訳。

3．預金残高が￥100,000になっているので，￥50,000は借り越しになる。問題文の連続した取引という文言に注意すること。

4．当座借り越しが￥50,000あるので，先にそれを返済し，残りが当座預金となる。

（2）当座勘定を用いる場合（一勘定制）

一勘定制では，預け入れも小切手の振り出しも当座勘定だけで処理する。

助言 二勘定制の場合，当座預金の残高を常に把握しておく必要がある。

問題2の解答

	借方科目	金　額	貸方科目	金　額
1	未　払　金	300,000	当　座　預　金	300,000
2	現金過不足	120,000	売　掛　金 雑　益	100,000 20,000
3	売買目的有価証券	1,010,000	当　座　預　金 当　座　借　越	500,000 510,000
4	仕　入	1,230,000	当　座　預　金 当　座　借　越	800,000 430,000
5	備　品	300,000	前　払　金 当　座　預　金 当　座　借　越	30,000 200,000 70,000

問題2の解説

1．月初に備品を購入した時の仕訳は以下のとおり。
（借方）備　　品　300,000　（貸方）未　払　金　300,000

2．既に行われている仕訳は以下のとおり。
（借方）現　　金　120,000　（貸方）現金過不足　120,000

3．A社株式購入時の手数料は売買目的有価証券の購入代価に含める。
当座預金の残高は¥500,000なので，それを超える分は当座借り越しとなる。

4．小切手振出額が当座預金の残高を超えているので，その分は当座借り越しとなる。

5．手付金支払時の仕訳は以下のとおり。
（借方）前　払　金　30,000　（貸方）○　○　○　30,000
（現金等）

助言　問題文に当座借越限度額がある場合，当座預金の残高を常に考慮する。

3 小口現金

（1）小口現金

小口現金勘定（資産）とは小口の現金支払い用の資金として用度係（または小払係）に前渡しした現金の勘定をいう。小口の現金支払いとは，電話代やハガキ代などの通信費，電車代やタクシー代などの交通費，文房具費などをいう。用度係はこれら小口現金の支払明細を小口現金出納帳に記入し，一定期間ごとに支払報告書を作成して会計係に報告する。

（2）定額資金前渡法

定額資金前渡制（インプレスト・システム）は，あらかじめ一定額を用度係に前渡しし，用度係からその月（その週）の支払額の報告を受け，それと同額を補給する方法である。補給は月末（週末）か，翌月初（翌週初）に行われる。

例題

① 用度係に小口現金として￥30,000 を小切手で前渡しした。

（借方）小口現金　30,000　　（貸方）当座預金　30,000

② 月末に用度係から，交通費￥15,000，通信費￥5,000，消耗品費￥8,000 の支払い報告を受けた。

（借方）	交 通 費	15,000	（貸方）小口現金	28,000
	通 信 費	5,000		
	消耗品費	8,000		

③ 支払報告額を小切手を振り出して補給した。

（借方）小口現金　28,000　　（貸方）当座預金　28,000

④ ②の報告後ただちに補給する場合，小口現金勘定を省略し，以下の仕訳でもよい。

（借方）	交 通 費	15,000	（貸方）当座預金	28,000
	通 信 費	5,000		
	消耗品費	8,000		

(参考) **小口現金出納帳** (月末補給のケース)

受入	平成 ×1年		摘要	支払	内訳 交通費	通信費	消耗品費
30,000	4	1	前月繰越				
		3	携帯電話通話料	4,000		4,000	
		7	バス運賃	3,000	3,000		
		12	郵便切手	1,000		1,000	
		19	コピー用紙	3,000			3,000
		24	タクシー代	12,000	12,000		
		28	インクリボン代	5,000			5,000
			合計	28,000	15,000	5,000	8,000
28,000		30	本日補給				
		〃	次月繰越	30,000			
58,000				58,000			
30,000	5	1	前月繰越				

(参考) **小口現金出納帳** (翌月初補給のケース)

受入	平成 ×1年		摘要	支払	内訳 交通費	通信費	消耗品費
30,000	4	1	前月繰越				
		3	携帯電話通話料	4,000		4,000	
		7	バス運賃	3,000	3,000		
		12	郵便切手	1,000		1,000	
		19	コピー用紙	3,000			3,000
		24	タクシー代	12,000	12,000		
		28	インクリボン代	5,000			5,000
			合計	28,000	15,000	5,000	8,000
		30	次月繰越	2,000			
30,000				30,000			
2,000	5	1	前月繰越				
28,000		〃	本日補給				

練習問題

問題 小口現金

次の取引について，（1）小口現金勘定を使わない場合と（2）小口現金勘定を使う場合の仕訳をしなさい。

1．定額資金前渡制（インプレスト・システム）により，用度係に小口現金として，小切手￥100,000を振り出して前渡しした。

2．用度係から次のように支払い報告があったので，ただちに小切手を振り出して補給した（インプレスト・システムによる)。

　通信費　￥20,000　　消耗品費　￥12,000　　雑　費　￥3,000

3．用度係から次のように支払いの報告を受けたので，ただちに小切手を振り出して資金の補給を行った（インプレスト・システムによる)。

　交通費　￥23,000　　光熱費　￥20,000　　雑　費　￥7,000

4．用度係から次の小口現金支払明細書を受け取ったので，ただちに小切手を振り出して補給した。ただし，定額資金前渡制を採用している。

なお，残額は原因不明のため，雑損として処理することとした。

小口現金支払明細書
平成○年○月分

前受分			100,000円
支払額	交通費	48,000円	
	通信費	32,000	
	雑　費	10,000	90,000
残　額			10,000円

（1）小口現金勘定を使わない場合

	借方科目	金　額	貸方科目	金　額
1				
2				
3				
4				

（2）小口現金勘定を使う場合

	借方科目	金　額	貸方科目	金　額
1				
2				
3				
4				

問題の解答・解説

問題の解答

（1）小口現金勘定を使わない場合

	借方科目	金　額	貸方科目	金　額
1	小口現金	100,000	当座預金	100,000
2	通信費	20,000	当座預金	35,000
	消耗品費	12,000		
	雑費	3,000		
3	交通費	23,000	当座預金	50,000
	光熱費	20,000		
	雑費	7,000		
4	交通費	48,000	当座預金	100,000
	通信費	32,000		
	雑費	10,000		
	雑損	10,000		

（2）小口現金勘定を使う場合

	借方科目	金　額	貸方科目	金　額
1	小口現金	100,000	当座預金	100,000
2	通信費	20,000	小口現金	35,000
	消耗品費	12,000		
	雑費	3,000		
	小口現金	35,000	当座預金	35,000
3	交通費	23,000	小口現金	50,000
	光熱費	20,000		
	雑費	7,000		
	小口現金	50,000	当座預金	50,000
4	交通費	48,000	小口現金	100,000
	光熱費	32,000		
	雑費	10,000		
	雑損	10,000		
	小口現金	100,000	当座預金	100,000

問題の解説

用度係から報告を受けて，ただちに小切手を振り出して補給する場合の解答は（1）小口現金勘定を使わない場合と（2）小口現金勘定を使う場合の２つが考えられる。

この場合どちらで処理するかは問題文（勘定選択等）の指示による。

・小口現金勘定を使う場合

（借方）	通 信 費	20,000	（貸方）	小口現金	35,000
	消耗品費	12,000			
	雑　　費	3,000			
	小口現金	35,000		当座預金	35,000

⬇

・小口現金勘定を使わない場合……小口現金勘定を相殺した結果となる。

（借方）	通 信 費	20,000	（貸方）	当座預金	35,000
	消耗品費	12,000			
	雑　　費	3,000			

4 商品売買の処理

(1) 商品売買の処理(三分法)

商品に関する取引を仕入(費用),売上(収益),繰越商品(資産)の3つの勘定科目で処理する方法を三分法という。

三分法では,

① 商品を購入した時は「仕入勘定」

② 販売した時は売価で「売上勘定」

③ 期末在庫は「繰越商品勘定」

と商品の勘定を3つに使い分ける。各勘定を示すと次のようになる。

仕 入(費用)

仕入高	仕入戻し
仕入諸掛	仕入値引

(貸借差額は純仕入高)

売 上(収益)

売上戻り	売上高
売上値引	

(貸借差額は純売上高)

繰越商品(資産)

繰越高	

(2) 掛売買(代金の後日決済)

① 買掛金(かいかけきん)…仕入商品の代金を後日支払う場合。

(借方)仕 入 2,000 (貸方)買掛金 2,000

② 売掛金(うりかけきん)…売上商品の代金を後日受け取る場合。

(借方)売掛金 3,000 (貸方)売 上 3,000

(3) 返品と値引き

商品の品違いや破損,品質不良などの理由で返品や値引きがあった場合の三分法による処理は以下のとおり。

① 仕入商品の返品と値引きの場合……仕入時と逆の取引(仕訳)となる。

(例)掛仕入商品¥2,000の戻し(値引き)があった。

(借方)買掛金 2,000 (貸方)仕 入 2,000

② 売上商品の返品と値引きの場合……売上時と逆の取引(仕訳)となる。

（例）掛売上商品￥3,000の戻り（値引き）があった。

（借方）	売　上	3,000	（貸方）	売掛金	3,000

（4）商品売買の諸掛

商品売買の際には運賃や保険料，手数料などがかかることが多い。仕入れ時にかかる付随費用を仕入諸掛，売上時にかかる諸掛を売上諸掛という。

① 仕入諸掛……商品仕入時にかかった費用（運賃・保険料・関税など）は仕入勘定に含める。

② 売上諸掛……商品売上時にかかった費用（発送運賃等）は売主負担の場合，発送費勘定を用いて処理する。買主負担の場合は立替金勘定または売掛金勘定で処理する。

①（例）　掛仕入￥2,000，仕入諸掛￥100は現金支払い。

〔原則〕

（借方）	仕　入	2,100	（貸方）	買掛金	2,000
				現　金	100

〔仕入諸掛売主負担の場合〕

（借方）	立替金	100	（貸方）	現　金	100

②（例）　掛売上￥3,000，発送運賃￥150は現金支払い。

〔発送費売主負担の場合〕

（借方）	売掛金	3,000	（貸方）	売　上	3,000
	発送費	150		現　金	150

〔発送費買主負担の場合〕

（借方）	売掛金	3,000	（貸方）	売　上	3,000
	立替金	150		現　金	150

または，

（借方）	売掛金	3,150	（貸方）	売　上	3,000
				現　金	150

練習問題

問題 商品売買

次の取引を仕訳しなさい。ただし，商品売買の処理は三分法によること。

1．渋谷商店から商品￥580,000を仕入れ，引取費用￥2,000とともに現金で支払った。
2．清水商店に商品￥700,000を販売し，この代金のうち￥200,000は同店振り出しの小切手で受け取り，残額は掛とした。
3．浦安商店から仕入れた商品の品違いがあり返品した。この金額￥18,000は同店に対する買掛金から差し引いた。
4．滋賀商店は，石川商店から商品￥650,000を仕入れ，引取運賃￥3,000とともに小切手を振り出して支払った。なお，当座預金の残高は￥450,000であったが借越限度額￥1,000,000の当座借越契約を結んでいる。
5．大阪商店へ商品￥120,000を掛で売り渡し，発送費用￥1,200は現金で支払った。
6．神戸商店へ商品￥750,000を売り上げ，代金は掛とした。なお，先方負担の発送運賃￥4,000を現金で立て替え払いした。
7．新宿商店から商品￥1,000,000を掛で仕入れた。なお，先方負担の引取費用￥5,000を現金で立て替え払いした。
8．上記新宿商店から仕入れた商品の一部に不良品があり，￥100,000の値引きを受けた。

	借方科目	金　額	貸方科目	金　額
1				
2				
3				
4				
5				
6				
7				
8				

問題の解答・解説

問題の解答

	借方科目	金 額	貸方科目	金 額
1	仕入	582,000	現金	582,000
2	現金 売掛金	200,000 500,000	売上	700,000
3	買掛金	18,000	仕入	18,000
4	仕入	653,000	当座預金 当座借越	450,000 203,000
5	売掛金 発送費	120,000 1,200	売上 現金	120,000 1,200
6	売掛金 立替金	750,000 4,000	売上 現金	750,000 4,000
7	仕入 立替金	1,000,000 5,000	買掛金 現金	1,000,000 5,000
8	買掛金	100,000	仕入	100,000

問題の解説

1．仕入時の引取費用は，仕入原価に含める。

2．他人振り出しの小切手の受け取りは，現金扱いになる。

3．買掛金から差し引くとは，買掛金（負債）を減少させるという意味。
　よって，解答は仕入時とは貸借逆の形の仕訳になる。

4．支払わなければならないのは，引取運賃を含めた金額。当座預金の残高を超える部分は当座借越となる。

5．発送費用は問題文に指示がなければ当方（発送側）の負担となる。
　この場合，発送費勘定を使って処理する。

6．本問は 5. と違い，発送費は先方負担との指示がある。
　この場合，解答のように先方負担分を立替金勘定を使って処理する方法と以下のように売掛金に含める方法とがある。ただし，後者は掛取引が前提となる。

〔別解〕（借方）　売掛金　754,000　　（貸方）売　上　750,000
現　金　　4,000

7．通常引取費用は，仕入側の仕入勘定に含めて処理するが，本問は先方負担との指示があるため立替金勘定を用いて処理する。なお，掛取引の場合は，以下のように買掛金から差し引いてもよい。

〔別解〕（借方）　仕　入　1,000,000　　（貸方）買掛金　995,000
現　金　　5,000

8．値引き，返品の仕訳は，仕入時の逆の仕訳（買掛金が借方，仕入が貸方）になる。

助言　発送費の先方負担の場合，立替金勘定を用いるか売掛金に含めるかの判断は，問題文の指示によるが，仕訳問題の場合は，選択できる勘定科目で判断する。

5 手形（1）

（1）手形の役割と種類

手形とは，商品の仕入代金を支払ったり，売上代金を回収するための手段として用いられる証書をいう。

① 手形の役割

手形には，3つの役割がある。

- 手形を作る人 ⟶ 振出人
- 手形を支払う人 ⟶ 支払人
- 手形を受け取る人 ⟶ 受取人

② 手形の種類

手形には，約束手形と為替手形の2種類がある。

（2）約束手形とは

約束手形は，手形の振出人（手形作成者）が名宛人（受取人）に対して，一定の期日に一定の金額を支払うことを約束する証券である。

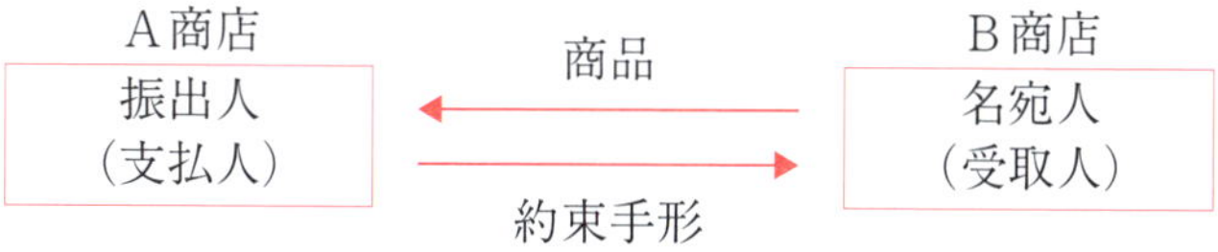

例題

A商店は，B商店から商品￥10,000を仕入れ，約束手形を振り出して支払った。

A商店の仕訳（商品の仕入れ）

（借方）仕　　入　10,000　　（貸方）支払手形　10,000

B商店の仕訳（商品の売り上げ）

（借方）受取手形　10,000　　（貸方）売　　上　10,000

受取手形（資産）

受取手形	
増加 （＋）	減少 （－）

支払手形（負債）

支払手形	
減少 （－）	増加 （＋）

助言

約束手形の場合は，振出人＝支払人
① A商店（振出人かつ支払人）
A商店は，手形代金を支払う義務が発生するので負債が増加する。
② B商店（受取人）
B商店は，手形の代金を受け取る権利があるので資産が増加する。

（3）為替手形とは

為替手形は，手形の振出人が名宛人に対して，一定の期日に手形金額を受取人に支払うことを依頼する証券である。

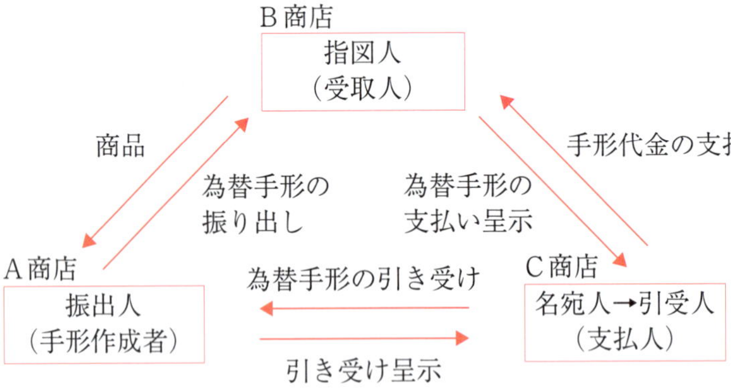

例題

A商店は，B商店から商品を仕入れ，この代金￥20,000は，A商店振り出し，B商店受け取り，得意先C商店引き受けの為替手形で支払った。なお，A商店は，C商店に対して売掛金￥20,000がある。

A商店の仕訳（商品の仕入れ）

（借方）仕　　入　20,000　　（貸方）売 掛 金　20,000

B商店の仕訳（商品の売り上げ）

（借方）受取手形　20,000　　（貸方）売　　上　20,000

C商店の仕訳（為替手形の引き受け）

（借方）買 掛 金　20,000　　（貸方）支払手形　20,000

助言　Ａ商店は，仕入先Ｂ商店への支払いを得意先Ｃ商店に依頼した。Ａ商店は，もともとＣ商店に対して売掛金があり，Ｃ商店は，Ａ商店に対して買掛金があるというところがポイントである。

Ａ商店の仕訳
（借方）売掛金　20,000　　（貸方）売　上　20,000
Ｃ商店の仕訳
（借方）仕　入　20,000　　（貸方）買掛金　20,000
Ｃ商店は，Ａ商店に対する買掛金を支払う代わりに為替手形を引き受けた。

練習問題

問題 約束手形・為替手形

次の取引を仕訳しなさい。

1．静岡商店へ商品￥70,000を売り渡し，代金として静岡商店振り出し，当店あての約束手形を受取った。

2．東京商店から商品￥100,000を仕入れ，同店あてに同額の約束手形を振り出した。

3．三鷹商店から商品￥600,000を仕入れ，半額は同店が受け取りの約束手形を振り出し，残額は掛とした。

4．岡山商店よりの仕入￥250,000に対し，同店を受取人とし，得意先の広島商店を名宛人とする為替手形を振り出し，広島商店引き受けを得て，岡山商店に交付した。広島商店に対しては売掛金￥300,000がある。

5．神戸商店へ商品￥98,000を売り上げ，代金は同店振り出し，横浜商店引き受けの為替手形で受け取った。

6．仙台商店へ買掛金の支払いのため，かねて売掛金のある新潟商店宛に為替手形￥700,000を振り出した。

7．仕入先京都商店より同店に対する買掛金￥500,000につき，同店振り出し，大阪商店受け取り，当店あての為替手形の引き受けを求められたのでこれに応じた。

8．北海道商店に商品￥400,000を売り渡し，代金のうち半額は同店振り出しの約束手形で受け取り，残額は掛とした。なお，発送費用￥20,000は現金で立て替え支払った。

9．仕入先長崎商店から￥70,000の為替手形の引き受けを求められたので，これに押印して同店に渡した。なお，当店はこの仕入先に対して￥100,000の商品代金の未払いがある。

10．福島商店から商品￥50,000を仕入れ，代金は約束手形を振り出して支払った。なお，引取運賃￥4,500を現金で支払った。

11．小樽商店から商品￥500,000を仕入れ，代金のうち￥300,000については得意先函館商店宛，小樽商店受け取りの為替手形を振り出し，残額は小切手を振り出して支払った。なお，当店の当座預金の預金残高は￥150,000であるが，当店は取引銀行と￥500,000を限度とする当座借越契約を結んでいる。

12. 高知商店に原価￥250,000の商品を￥380,000で売り上げ，代金のうち￥200,000は，同店振り出し，当店の仕入先である愛媛商店を名宛人とする為替手形（引受済み）で受け取り，残額は掛とした。なお，当店負担の運賃￥4,000は現金で支払った。

13. 大阪商店から売掛金の回収として，名古屋商店振り出し，大阪商店宛約束手形￥100,000と当店振り出し，広島商店宛約束手形￥50,000を受け取った。

14. 井之頭商店から商品￥500,000を仕入れ，この代金のうち半額は同店振り出し，半蔵門商店受け取りの為替手形を呈示されたので，その支払いを引き受け，残額は井之頭商店宛の約束手形を振り出して支払った。

15. 広島商店へ買掛金支払いのため，かねて売掛金のある京都商店宛為替手形￥300,000を振り出し，同店の引き受けを得た。

	借方科目	金　　額	貸方科目	金　　額
1				
2				
3				
4				
5				
6				
7				
8				
9				
10				
11				
12				
13				
14				
15				

問題の解答・解説

問題の解答

	借方科目	金　額	貸方科目	金　額
1	受取手形	70,000	売上	70,000
2	仕入	100,000	支払手形	100,000
3	仕入	600,000	支払手形 買掛金	300,000 300,000
4	仕入	250,000	売掛金	250,000
5	受取手形	98,000	売上	98,000
6	買掛金	700,000	売掛金	700,000
7	買掛金	500,000	支払手形	500,000
8	受取手形 売掛金 立替金	200,000 200,000 20,000	売上 現金	400,000 20,000
9	買掛金	70,000	支払手形	70,000
10	仕入	54,500	支払手形 現金	50,000 4,500
11	仕入	500,000	売掛金 当座預金 当座借越	300,000 150,000 50,000
12	受取手形 売掛金 発送費	200,000 180,000 4,000	売上 現金	380,000 4,000
13	受取手形 支払手形	100,000 50,000	売掛金	150,000
14	仕入	500,000	支払手形	500,000
15	買掛金	300,000	売掛金	300,000

問題の解説

1．売上代金を約束手形で受け取った場合，（借方）受取手形となる。

2．仕入代金を約束手形で支払った場合，（貸方）支払手形となる。
3．仕入代金を約束手形で支払った場合，（貸方）支払手形となる。
4．得意先を名宛人で為替手形を振り出した場合，（貸方）売掛金となる。
5．売上代金を為替手形で受取った場合，（借方）受取手形となる。
6．仙台商店に対する買掛金を売掛金のある新潟商店に支払い依頼し払ってもらうので，その際，新潟商店の当店に対する売掛金を減少させる。（貸方）売掛金。
7．為替手形の支払いを引き受けた当店（名宛人）の仕訳は，（貸方）支払手形。その際，京都商店に対する買掛金を減少させる（借方）買掛金。
8．当店は，北海道商店が振り出した手形を受け取ったので，（借方）受取手形。発送費用を立て替えて支払ったので（借方）立替金勘定。
9．商品代金の未払いは買掛金勘定を使用する。仕入先から為替手形の支払いを依頼され，それを引き受けたので（貸方）支払手形。
10．仕入れの際の引取運賃は，仕入代金に含めて処理。
11．振り出した小切手の金額￥200,000（＝500,000－300,000）であるのに対して，当座預金残高が￥150,000であるため，差額の￥50,000は当座借越となる。
12．① 高知商店が手形を振り出し，愛媛商店が支払人となる手形を当店は受け取ったので（借方）受取手形。
② 売り手が負担する費用なので発送費として処理。
13．他店振り出しの約束手形（借方）受取手形。
当店振り出しの約束手形（借方）支払手形。
14．この為替手形の場合，当店が引受人（支払人）となり，（貸方）支払手形。
また当店が仕入代金支払いのために振り出した約束手形も（貸方）支払手形。
15．広島商店に対する買掛金を京都商店に支払い依頼。

助言

◎３級の為替手形の場合，３者の仕訳は以下のようになっている。

［振出人］	（借方）仕入××× または買掛金	（貸方）売掛金 ×××
［受取手形］	（借方）受取手形×××	（貸方）売上 ××× または売掛金
［名宛人］	（借方）買掛金×××	（貸方）支払手形 ×××

◎同店とは，１つ前の商店を指す。
◎売り手が，商品送付の費用を負担する場合，発送費（費用）として処理。

買い手が，商品送付の費用を負担する場合，立替金（資産）として処理または，売掛金に含めて処理する場合もある。

6 手形（2）

（1）手形の決済

手形の決済とは，手形の満期日となったら手形代金が支払われること

日商簿記検定では，手形の決済は全て当座預金で行われる。つまり，当座預金から手形の代金が支払われたり，当座預金に手形の代金が入金される。

例題

手形¥20,000 が満期日となり，決済された。

① 約束手形の決済

〔振出人側の仕訳〕

（借方）支払手形　20,000　　（貸方）当座預金　20,000

〔受取人側の仕訳〕

（借方）当座預金　20,000　　（貸方）受取手形　20,000

② 為替手形の決済

〔振出人側の仕訳〕

仕訳なし（手形代金を依頼する者なので手形の債権・債務に直接関係しない）

〔名宛人側の仕訳〕

（借方）支払手形　20,000　　（貸方）当座預金　20,000

〔受取人側の仕訳〕

（借方）当座預金　20,000　　（貸方）受取手形　20,000

（2）手形の裏書

手形の所持人は，その手形を支払期日前に商品代金の支払いなどのために裏書きして他人に譲り渡すことができる。これを手形の裏書譲渡という。

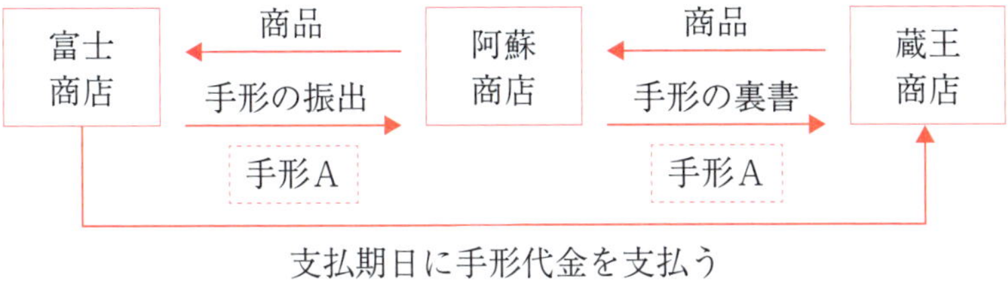

例題

手形裏書譲渡による仕入代金¥10,000の支払い

譲渡人側の仕訳

（借方）仕　　入 10,000　　（貸方）受取手形　10,000

譲受人側の仕訳

（借方）受取手形 10,000　　（貸方）売　　上　10,000

助言

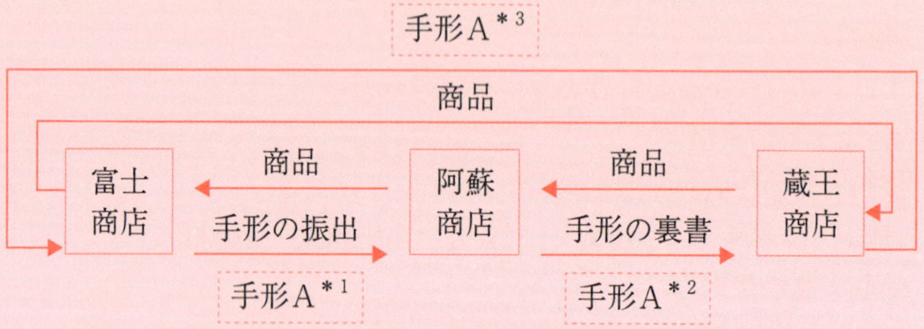

＊1・振出人である富士商店からみた手形Aは，支払手形。
・受取人である阿蘇商店からみた手形Aは，受取手形。

＊2・阿蘇商店は，受け取っていた受取手形Aを蔵王商店に渡したので，受取手形は手元からなくなる。
・受取人である蔵王商店からみた手形Aは，受取手形。

＊3・めぐりめぐって手形が蔵王商店から富士商店に戻ってきたとき，富士商店からみた受け取った手形は，支払手形。
（借方）支払手形となり手形債務の消滅となる。

（3）手形の割引

手形の割引とは，支払期日前に取引銀行などに手形を譲渡して資金を融通してもらうこと。手形を割り引いたときには，割引日から満期日までの利息が差し引かれ，残額を手取金として受け取る。この利息は通常割引料というが，簿記上では手形の割引を手形の売却と考えて，手形売却損勘定（費用）で処理をする。

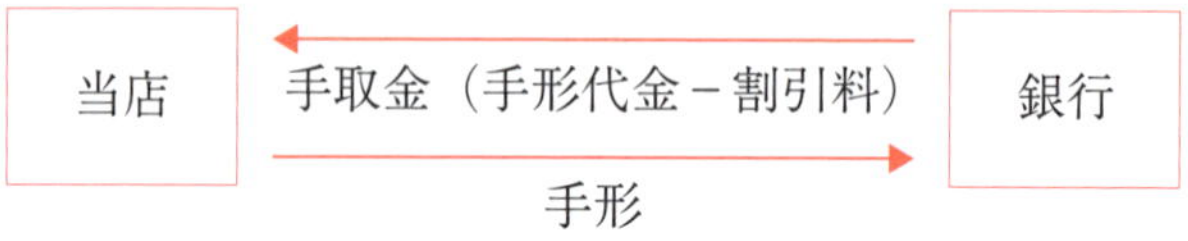

例題

渋谷商店が受け取った手形¥50,000を銀行で割り引き，割引料¥2,000を差

し引かれ，手取金は当座預金とした。

（借方）当 座 預 金　48,000　　（貸方）受取手形　50,000
　　　　手形売却損　 2,000

助言　割引料は，手形売却損で処理すること。
必ず手取金は，手形代金より少ない。

(4) 金融手形（手形借入金・手形貸付金）

金銭の貸借を行うときに，借用証書の代わりとして約束手形を振り出す場合がある。この場合の手形は，商品売買とは関係ないものなので受取手形勘定や支払手形勘定は用いない。

① 手形借入金

約束手形を振り出して金銭を借り入れたときには，手形借入金の貸方に記入し，返済したときにはこの勘定の借方に記入する。

例題

S銀行から￥80,000借り入れ，この借入金に対して約束手形を振り出し，利息￥5,000を差し引かれ，手取金は当座預金とした。

（借方）当 座 預 金　75,000　　（貸方）手形借入金　80,000
　　　　支 払 利 息　 5,000

② 手形貸付金

約束手形を受け取って金銭を貸し付けたときには，手形貸付金勘定の借方に記入し，返済を受けたときにはこの勘定の貸方に記入する。

例題

T商店に￥30,000貸し付け，同額の約束手形を受け取り，利息￥1,000を差し引き小切手で支払った。

（借方）手形貸付金　30,000　　（貸方）当座預金　29,000
　　　　　　　　　　　　　　　　　　　受取利息　 1,000

助言　手形を振り出して借り入れた人は，利息を支払う義務がある。（借方）支払利息
手形を受け取って貸し付けた人は，利息を受け取る権利がある。（貸方）受取利息

助言

特殊な為替手形

（1）自己宛為替手形

自己宛為替手形とは，自分が支払人として為替手形を振り出すこと。結果的には，約束手形の振り出しと同じになる（振出人＝支払人）。

例題

札幌商店へ買掛金￥240,000の支払いのため，自己宛為替手形を振り出し送付した。

（借方）買掛金　240,000　　（貸方）支払手形　240,000

（2）自己受為替手形

自己受為替手形とは，自分を受取人として為替手形を振り出すこと。結果的には，約束手形の受け取りと同じになる（振出人＝受取人）。

例題

金沢商店に対する売掛金￥150,000を回収するため，自己受為替手形を振り出し金沢商店の引き受けを得た。

（借方）受取手形　150,000　　（貸方）売掛金　150,000

練習問題

問題 手　形

次の取引の仕訳をしなさい。

1．沼津商店へ商品￥800,000を売り上げ，代金は同店振り出し，清水商店引き受けの為替手形で受け取った。

2．上記1の為替手形を仕入先富士商店に買掛金の支払いとして，裏書譲渡した。

3．上記2の為替手形を富士商店は伊豆銀行で割り引き，割引料￥20,000を差し引かれ，手取金を当座預金とした。富士商店の仕訳をしなさい。

4．国債を担保として銀行から￥7,300,000借り入れた。この借入金に対しては約束手形を振り出し，利息を差し引かれた手取金は当座預金とした。借入期間は100日で，利率年6％である。

5．世田谷商店に対する買掛金￥800,000支払いのため，半額は手持ちの麻布商店振り出し，赤坂商店引き受けの為替手形を裏書譲渡し，残額は得意先銀座商店あての為替手形を振り出し同店の引き受けを得て渡した。

6．札幌商店に￥1,000,000の利息￥20,000を差し引き小切手を振り出して貸し付けた。なお，その際，約束手形を振り出させた。

7．得意先雲仙商店から商品を売り上げた際に裏書譲渡された佐世保商店振り出し，雲仙商店あての約束手形￥600,000を取引銀行で割引きし，割引料￥6,000を差し引かれた手取金を当座預金に預け入れた。

8．渋谷商店より商品￥500,000を仕入れ，代金のうち￥300,000は原宿商店振り出し，当店あての約束手形を裏書きして支払い，残額は掛とした。なお，この商品を引き取る際に，運賃などの諸費用￥20,000を現金で支払った。

9．富山商店は，石川商店より商品￥300,000を仕入れ，代金のうち￥100,000は福井商店振り出しの約束手形を裏書譲渡し，残りは石川商店あての約束手形を振り出して支払った。

10．愛媛商店に商品￥600,000を売り上げ，代金のうち￥200,000は当店振り出し，高知商店宛の約束手形の裏書譲渡を受け，残額は当店振り出し，香川商店宛の為替手形の裏書譲渡を受けた。

11．静岡商店から商品￥500,000を仕入れ，代金のうち￥250,000については得意先富士商店振り出し，沼津商店あての為替手形を裏書譲渡し，残額については，かねてより売掛金のある得意先浜松商店あての為替手形を同店の引き受けを得て振り出した。

12. 仕入先草津商店から商品¥800,000を仕入れ，代金のうち¥400,000については宇治商店振り出し，吉野商店受け取りの約束手形を裏書譲渡し，¥250,000についてはかねてより売掛金のある得意先梅田商店を名宛人，草津商店を受取人とする為替手形（引受済み）を振り出して支払い，残額は掛とした。

13. 魚沼商店から商品¥480,000を仕入れ，代金のうち¥200,000については，桐生商店振り出し，喜多方商店あて（引受済み）の為替手形を裏書譲渡し，残額については小切手を振り出して支払った。なお，当座預金残高は¥200,000であったが，取引銀行と当座借越契約（借越限度額¥100,000）を結んである。

14. 得意先鹿児島商店に対する売掛金¥600,000を回収し，そのうち¥300,000は鹿児島商店の得意先である沖縄商店が振り出した約束手形を受け取り，残額は当座預金口座に振り込まれた。

15. 日本商工銀行から国債を担保として¥2,000,000の約束手形を振り出して借り入れ，利息を差し引かれた手取金を当座預金に預け入れた。なお，借入期間は146日，利率は年（365日とする）6％である。

	借方科目	金　　額	貸方科目	金　　額
1				
2				
3				
4				
5				
6				
7				
8				
9				
10				
11				
12				
13				
14				
15				

問題の解答・解説

問題の解答

	借方科目	金　額	貸方科目	金　額
1	受取手形	800,000	売上	800,000
2	買掛金	800,000	受取手形	800,000
3	当座預金 手形売却損	780,000 20,000	受取手形	800,000
4	当座預金 支払利息	7,180,000 120,000	手形借入金	7,300,000
5	買掛金	800,000	受取手形 売掛金	400,000 400,000
6	手形貸付金	1,000,000	当座預金 受取利息	980,000 20,000
7	当座預金 手形売却損	594,000 6,000	受取手形	600,000
8	仕入	520,000	受取手形 買掛金 現金	300,000 200,000 20,000
9	仕入	300,000	受取手形 支払手形	100,000 200,000
10	支払手形 受取手形	200,000 400,000	売上	600,000
11	仕入	500,000	受取手形 売掛金	250,000 250,000
12	仕入	800,000	受取手形 売掛金 買掛金	400,000 250,000 150,000
13	仕入	480,000	受取手形 当座預金 当座借越	200,000 200,000 80,000

14	受取手形 当座預金	300,000 300,000	売掛金	600,000
15	当座預金 支払利息	1,952,000 48,000	手形借入金	2,000,000

問題の 解説

1．売上代金を為替手形で受け取った場合，（借方）は受取手形となる。

2．受け取った手形を裏書譲渡した場合は，（貸方）は受取手形となる。
　［沼津商店→当店→富士商店］（支払人は，清水商店）

3．受け取った手形を割引に付した場合，（貸方）は受取手形となる。

4．約束手形を振り出して借り入れた場合，（貸方）は手形借入金となる。
　利息の計算：¥7,300,000 × 0.06×100 日/365 日 = ¥120,000

5．（1）買掛金の支払いは，（借方）買掛金となる。
　（2）受け取った手形を裏書譲渡した場合，（貸方）は受け取手形となる。
　　［麻布商店→当店→世田谷商店］（支払人は，赤坂商店）
　（3）得意先宛に為替手形を振り出した場合，（貸方）は売掛金となる。
　　［当店→世田谷商店］（支払人は，銀座商店）

6．約束手形を振り出させて貸し付けた場合，（借方）手形貸付金。

7．裏書譲渡を受けた時（売上時）の仕訳は以下のとおり。
　　［佐世保商店→雲仙商店→当店］
　　（借方）受取手形　×××　　（貸方）売　　上　×××

8．他店振り出しの約束手形を裏書譲渡した場合，（貸方）は受取手形となる。
　　［原宿商店→当店→渋谷商店］
　なお，仕入時の諸費用は仕入勘定に含める。

9．（1）他店振り出しの約束手形を裏書譲渡した場合，（貸方）は受取手形となる。
　　［福井商店→富山商店→石川商店］
　（2）約束手形を振り出した場合，（貸方）は支払手形となる。
　　［富山商店→石川商店］

10．（1）当店振り出しの約束手形とは，当店が支払人である手形である。その手形を裏書譲渡されたということは，手形金額を支払う必要がなくなったことを意味するため，手形債務（支払手形）の減少となる。

[当店→高知商店→愛媛商店→当店]（支払人は，当店）

（2）香川商店が支払う為替手形を裏書譲渡されたのだから（借方）受取手形。

11. 受け取っていた手形を裏書譲渡したので（貸方）受取手形￥250,000。

[富士商店→当店→静岡商店]（支払人は，沼津商店）

12. （1）売掛金のある梅田商店に為替手形の支払いを依頼したので（貸方）売掛金。

（2）掛取引なので（貸方）買掛金。

13. （1）受け取った為替手形を裏書譲渡するので（貸方）受取手形。

[桐生商店→当店→魚沼商店]（支払人は，喜多方商店）

（2）残高￥200,000分当座預金を減少させ，

（3）銀行と一定契約を結んでいるので，足りない分は（貸方）当座借越。

14. 沖縄商店が支払う鹿児島商店が受け取った手形を裏書譲渡されると，自分の手許には受取手形が入ってくるので（借方）受取手形。

15. 約束手形を振り出して借り入れた場合，（貸方）手形借入金となる。

$$\text{利息の計算：} ¥2{,}000{,}000 \times 0.06 \times \frac{146\text{日}}{365\text{日}} = ¥48{,}000$$

助言

◎手形の裏書譲渡を行ったとき（商品仕入時）

（借方）仕　　入　×××　　（貸方）受取手形　×××

◎裏書譲渡によって手形を受け取ったとき（商品売上時）

（借方）受取手形　×××　　（貸方）売　　上　×××

◎手形を割り引いたとき

（借方）当座預金　×××　　（貸方）受取手形　×××
　　　　手形売却損　×××

◎現金の借り入れにあたり手形を振り出したとき

（借方）現　　金　×××　　（貸方）手形借入金　×××
　　　　　　　　　　　　　　　　（または借入金）

◎現金の貸し付けにあたり手形を受け取ったとき

（借方）手形貸付金　×××　　（貸方）現　　金　×××
　　　（または貸付金）

7 貸倒れの処理

（1）貸倒れとは

売掛金や受取手形などの売上債権は，得意先の倒産等で，回収不能になる場合がある。このような状態を貸倒れという。その回収不能となった受取手形や売掛金を損失として処理しなければならない。この損失を貸倒損失という。

例題

売掛金￥70,000が回収不能になった。

（借方）貸 倒 損 失 70,000 （貸方）売 掛 金 70,000

（2）貸倒引当金とは

決算に際し，売上債権の次期以降の貸倒れを当期末に見積り，その金額を当期の費用として計上することを貸倒引当金の設定という。

例題

① 決算に際し，貸倒れを￥30,000と見積った。

（借方）貸倒引当金繰入 30,000 （貸方）貸倒引当金 30,000

（3）貸倒れの発生

例題

② 上記①において，翌期に売掛金￥15,000が貸倒れたとき。

（借方）貸倒引当金 15,000 （貸方）売掛金 15,000

注：実際に売掛金や受取手形の貸倒れが発生したときは，その金額を売掛金勘定または受取手形勘定の貸方に記入すると同時に，貸倒引当金勘定の借方に記入する。

例題

③ 上記①において，翌期に売掛金￥40,000が貸倒れたとき。

（借方）貸倒引当金 30,000 （貸方）売掛金 40,000
貸 倒 損 失 10,000

注：貸倒額のうち貸倒引当金残高を超える場合には，その分は貸倒損失勘定の借方に記入する。

(4) 貸倒引当金の設定

貸倒引当金は実際に貸倒れが発生した場合には取り崩されるが，その金額が引当金より少ないと期末に残高が生じる。決算において，この残高がある場合は以下のように処理する。

【差額補充法】

① 貸倒引当金の残高が見積額より少なかった場合。

例題

貸倒引当金の期末残高￥12,000，当期末の貸倒れ見積額￥22,000

（残高＜見積額）

（借方）貸倒引当金繰入　10,000　（貸方）貸倒引当金　10,000
（費　　　用）

貸倒引当金

次期繰越 22,000	残　高 12,000 繰入額 10,000←差額 } 見積額

② 残高が見積額より多かった場合。

例題

貸倒引当金の期末残高￥30,000，当期末の貸倒れ見積額￥22,000

（残高＞見積額）

（借方）貸倒引当金 8,000　（貸方）貸倒引当金戻入 8,000
（収　　　益）

貸倒引当金

差額→貸倒引当金戻入 8,000 次期繰越 22,000	残　高 30,000

(5) 償却債権取立益

前期以前に貸倒れとして処理した売上債権が回収されたときは，償却債権取立益（収益）として処理する。

例題

貸倒れ処理した売掛金￥20,000 を現金で回収した。

（借方）現　　金　20,000　（貸方）償却債権取立益　20,000

練習問題

問題 貸倒れ

次の取引を仕訳しなさい。

1．得意先新宿商店が倒産し，同店に対す売掛金￥200,000を貸倒れ処理した。なお，貸倒引当金は設定していない。

2．決算において，売掛金残高￥400,000と受取手形残高￥600,000に対して，3％の貸倒れを見積り，貸倒引当金を設定した。ただし，貸倒引当金勘定の残高はない。

3．決算において，売掛金残高￥800,000と受取手形残高￥700,000に対し，2％の貸倒れを見積った。ただし，貸倒引当金勘定の残高は￥10,000である，差額補充法によること。

4．決算において，売掛金残高￥1,200,000と受取手形残高￥800,000に対し，2％の貸倒れを見積った。ただし，貸倒引当金勘定の残高は￥50,000である，差額補充法によること。

5．得意先神保町商店が倒産し，同店に対す売掛金￥450,000を貸倒れ処理した。ただし，貸倒引当金勘定の残高はなかった。

6．静岡商店は，得意先の長野商店が倒産したため，同店に対する売掛金￥250,000が回収できなくなった。ただし，貸倒引当金勘定の残高が￥400,000ある。

7．得意先群馬商店が倒産し，同店に対する売掛金￥180,000が貸倒れとなった。ただし，貸倒引当金勘定に残高は￥200,000あった。

8．得意先仙台商店が倒産したため，同店に対する売掛金￥300,000が貸倒れとなった。なお，貸倒引当金勘定に残高は￥250,000あった。

9．得意先宮城商店が倒産し，同店に対する売掛金￥580,000が貸倒れとなった。ただし，貸倒引当金勘定に残高は￥350,000あった。

10．かねて貸倒れとして処理した新橋商店の売掛金￥55,000を現金で￥回収した。

	借方科目	金　額	貸方科目	金　額
1				
2				
3				
4				
5				
6				
7				
8				
9				
10				

問題の解答・解説

問題の解答

	借方科目	金 額	貸方科目	金 額
1	貸倒損失	200,000	売掛金	200,000
2	貸倒引当金繰入	30,000	貸倒引当金	30,000
3	貸倒引当金繰入	20,000	貸倒引当金	20,000
4	貸倒引当金	10,000	貸倒引当金戻入	10,000
5	貸倒損失	450,000	売掛金	450,000
6	貸倒引当金	250,000	売掛金	250,000
7	貸倒引当金	180,000	売掛金	180,000
8	貸倒引当金 貸倒損失	250,000 50,000	売掛金	300,000
9	貸倒引当金 貸倒損失	350,000 230,000	売掛金	580,000
10	現金	55,000	償却債権取立益	55,000

問題の解説

1．得意先が倒産のため，売掛金が回収不能となる。借方に貸倒損失勘定，貸方に売掛金勘定と仕訳する。

2．貸倒引当金設定額：（¥400,000＋¥600,000）×３％＝¥30,000。貸倒引当金を設定する際，実際に貸倒れが生じたわけではないので，売掛金や受取手形からは直接減額せず，借方に貸倒引当金繰入勘定，貸方に貸倒引当金勘定と記入する。

3．貸倒引当金設定額：（¥800,000＋¥700,000）×２％＝¥30,000。¥30,000＞¥10,000（残高）⇒差額¥20,000（この分を残高に補充する）。

4．貸倒引当金設定額：（¥1,200,000＋¥800,000）×２％＝¥40,000。¥40,000＜¥50,000（残高）⇒差額¥10,000（残高の多い分を戻入）。

5．得意先が倒産のため，売掛金が回収不能となる。貸倒引当金勘定の残高はないため，借方に貸倒損失勘定と貸方に売掛金勘定と仕訳する。

6．得意先が倒産のため，売掛金が回収不能となる。貸倒引当金勘定の残高¥

400,000＞実際貸倒額￥250,000。

7．貸倒引当金勘定の残高￥200,000＞実際貸倒額￥180,000。

8．貸倒引当金見積額が実際額より少ないので，設定不足は貸倒損失勘定に記入する。

9．貸倒引当金見積額が実際額より少ないので，設定不足は貸倒損失勘定に記入する。

10．貸倒れ処理したものが，後日回収できた場合には，貸方に償却債権取立益勘定（収益）で処理する。

8 有価証券の処理

（1）有価証券とは

簿記上では，株券・社債券・公債証券などのことを有価証券という。利子や配当を得たり相場の値上がりを期待してこれらを一時的に所有する場合には，売買目的有価証券勘定（資産）を用いる。

なお，購入する際の買入手数料などは売買目的有価証券勘定に含めて処理する。

取得原価＝購入代価＋付随費用（買入手数料などの付随費用）

例題

① 売買目的有価証券￥500,000を購入，買入手数料￥5,000とともに現金で支払った。

（借方）売買目的有価証券　505,000　　（貸方）現金　505,000

購入代価は以下のように求める。

●株式の購入代価＝1株の購入金額×株式数

●社債・公債等の購入代価＝額面金額×購入単価 ÷100

（2）有価証券の売却

売買目的有価証券を売却したときは，売却価額と帳簿価額との差額を有価証券売却益または有価証券売却損とする。

例題

② 売買目的有価証券￥505,000を￥525,000で売却し，代金は現金で受け取った（￥505,000＜￥525,000で帳簿価額が売却価額より小さい場合）。

（借方）	現金	525,000	（貸方）	売買目的有価証券	505,000
				有価証券売却益	20,000

例題

③ 売買目的有価証券￥505,000を￥500,000で売却し，代金は現金で受け取った（￥505,000＞￥500,000で帳簿価額のほうが売却価額より大きい場合）。

（借方）	現　　金	500,000	（貸方）	売買目的有価証券	505,000
	有価証券売却損	5,000			

（3）有価証券評価損

期末において，有価証券の時価（取引所の相場）が帳簿価額より下落しているときには，帳簿価額を時価まで引き下げることができる。この場合，差額を有価証券評価損（費用）で処理し，有価証券を評価替えする。

例題

④ ①の有価証券の期末時価は￥503,000であった（￥503,000＜￥505,000で帳簿価額より時価のほうが低い場合）。

（借方）有価証券評価損　2,000　　（貸方）売買目的有価証券　2,000

この処理により有価証券の帳簿価額は￥503,000となる。

注：時価が帳簿価額より高い場合は評価益と計上する。

（借方）売買目的有価証券　×××　　（貸方）有価証券評価益　×××

練習問題

問題 有価証券

次の取引を仕訳しなさい。

1．売買目的によりS産業株式会社の株式5,000株を買い入れ，この代金¥900,000を，買入手数料¥10,000とともに，小切手を振り出して支払った。
2．期末決算にあたり，売買目的の手持ちの株式（額面@¥1,000，取得価額@¥1,050）3,000株について，時価が@¥1,030となったので，評価替えを行った。
3．売買目的で額面¥100につき¥94で買い入れた額面総額¥8,000,000の社債のうち額面¥4,000,000を額面¥100につき¥97で売却し，代金は小切手で受け取りただちに当座預金とした。
4．売買目的で額面¥100につき¥96で買い入れた額面総額¥5,000,000の社債のうち額面¥2,000,000を¥95で売却し，代金は月末に受け取ることとした。
5．売買目的で1株につき¥95,000で購入したO商事株式会社に株式（1株につき額面金額¥60,000）15株を，1株につき¥97,000で売却し，代金は小切手で受け取った。
6．売買目的で額面¥100につき¥95で買い入れたT機械株式会社の社債のうち額面¥3,000,000を額面¥100につき¥93で売却し，代金は月末を受け取ることとした。
7．売買目的で1株につき¥1,000で購入したC産業株式会社の株式（額面金額@¥600）2,000株を1株につき¥800で売却し，代金は小切手で受け取りただちに当座預金とした。
8．売買目的で当期中に取得したF物産株式会社の株式5,000株（1株当たり購入単価¥980，買入手数料¥50,000であった）のうち，1,000株を1株につき¥1,000で売却し，代金は月末に受け取ることにした。
9．売買目的で額面@¥100で買い入れた額面総額¥5,000,000の社債を額面¥100につき¥98で売却し，代金は月末に受け取ることにした。
10．売買目的の額面¥3,000,000の国債を¥2,950,000で購入し，代金は買入手数料¥20,000とともに小切手を振り出して支払った。

	借方科目	金　額	貸方科目	金　額
1				
2				
3				
4				
5				
6				
7				
8				
9				
10				

問題の解答・解説

問題の解答

	借方科目	金 額	貸方科目	金 額
1	売買目的有価証券	910,000	当座預金	910,000
2	有価証券評価損	60,000	売買目的有価証券	60,000
3	当座預金	3,880,000	売買目的有価証券 有価証券売却益	3,760,000 120,000
4	未収金 有価証券売却損	1,900,000 20,000	売買目的有価証券	1,920,000
5	現金	1,455,000	売買目的有価証券 有価証券売却益	1,425,000 30,000
6	未収金 有価証券売却損	2,790,000 60,000	売買目的有価証券	2,850,000
7	当座預金 有価証券売却損	1,600,000 400,000	売買目的有価証券	2,000,000
8	未収金	1,000,000	売買目的有価証券 有価証券売却益	990,000 10,000
9	未収金 有価証券売却損	4,900,000 100,000	売買目的有価証券	5,000,000
10	売買目的有価証券	2,970,000	当座預金	2,970,000

問題の解説

1．売買目的有価証券の取得原価¥910,000＝購入代金¥900,000＋買入手数料¥10,000

2．帳簿価額@¥1,050×3,000株＝¥3,150,000＞時価@¥1,030×3,000株＝¥3,090,000，差額の¥60,000は有価証券評価損である。

3．帳簿価額¥4,000,000×$\frac{@¥94}{@¥100}$＝¥3,760,000＜売却価額¥4,000,000÷100株×¥97＝¥3,880,000，差額の¥120,000は有価証券売却益である。

4．帳簿価額¥2,000,000×$\frac{@¥96}{@¥100}$＝¥1,920,000＞売却価額¥2,000,000÷100

株×¥95＝¥1,900,000，差額の¥20,000は有価証券売却損である。

5．帳簿価額¥95,000×15株＝¥1,425,000＜売却価額¥97,000×15株＝¥1,455,000，差額の¥30,000は有価証券売却益である。

6．帳簿価額¥3,000,000×$\frac{@¥95}{@¥100}$＝¥2,850,000＞売却価額¥3,000,000÷100株×¥93＝¥2,790,000，差額の¥60,000は有価証券売却損である。

7．帳簿価額¥1,000×2,000株＝¥2,000,000＞売却価額¥800×2,000株＝¥1,600,000，差額の¥400,000は有価証券売却損である。

8．売買目的有価証券の取得原価¥4,950,000＝購入代金@¥980×5,000株＋買入手数料¥50,000，そのうちの1,000株の帳簿価額は¥990,000＜売却価額1,000株×@¥1,000＝¥1,000,000，差額の¥10,000は有価証券売却益である。

9．帳簿価額¥5,000,000＞売却価額¥5,000,000×$\frac{@¥98}{@¥100}$＝¥4,900,000，差額の¥100,000は有価証券売却損である。

10．有価証券の取得原価¥2,970,000＝購入代金¥2,950,000＋買入手数料¥20,000

9 その他の債権・債務の処理

(1) 前払金とは

商品などを仕入れるときに，その代金の一部を内金・手付金として前払いしたときは，前払金勘定（資産）の借方に記入し，実際に商品を仕入れたとき，貸方に記入する。

例題 商品注文・約束時の仕訳（内金￥20,000 現金払い）

（借方）前払金 20,000 （貸方）現 金 20,000

例題 仕入れた時の仕訳（残額￥20,000 は掛）

（借方）仕 入 40,000 （貸方）前払金 20,000

買掛金 20,000

(2) 前受金とは

商品などを売るときに，前もって代金の一部を受け取ったときは，前受金勘定（負債）の貸方に記入し，実際に商品を売り渡したとき，借方に記入する。

例題 商品注文・約束時の仕訳（内金￥20,000 現金受け取り）

（借方）現 金 20,000 （貸方）前受金 20,000

例題 売り上げた時の仕訳（残額￥20,000 は掛）

（借方）前受金 20,000 （貸方）売 上 40,000

売掛金 20,000

(3) 未収金・未払金

本来の営業活動以外の取引で生じた債権・債務（建物・備品・有価証券など）を処理するために用いる勘定。

例題 備品￥10,000 を売却（購入）し，代金は月末受け取り（支払い）とした。

売却側：（借方）未収金 10,000 （貸方）備 品 10,000

購入側：（借方）備 品 10,000 （貸方）未払金 10,000

例題 上記例題の代金受取（支払い）時の仕訳

売却側：（借方）現 金 10,000 （貸方）未収金 10,000

購入側：（借方）未払金 10,000 （貸方）現 金 10,000

(4) 貸付金・借入金

取引先などに借用証書を用いて金銭を貸し付けたときは，貸付金勘定（資産）の借方に記入し，その返済を受けたときは，貸方に記入する。

銀行などから借用証書によって金銭を借り入れたときは，借入金勘定（負債）の貸方に記入し，それを返済したときは，借方に記入する。

例題 現金￥10,000を貸し付け（借り入れ）た。

貸付側：（借方）貸付金　10,000　　（貸方）現　金　10,000

借入側：（借方）現　金　10,000　　（貸方）借入金　10,000

例題 上記例題の返済時の仕訳。

貸付側：（借方）現　金　10,000　　（貸方）貸付金　10,000

借入側：（借方）借入金　10,000　　（貸方）現　金　10,000

(5) 立替金（従業員立替金）

従業員に対して一時的に金銭を立て替えて支払ったときは立替金勘定（資産）で処理する。立て替えたときには立替金勘定の借方に記入し，返済を受けたときには貸方に記入する。

例題 従業員の生命保険料￥10,000を現金で立て替えた。

（借方）立替金　10,000　　（貸方）現　金　10,000

(6) 預り金（所得税預り金・社会保険料預り金など）

従業員に対して一時的に預かった金銭は預り金勘定（負債）で処理する。なお，預り金について給料支払いのときに控除する源泉所得税は所得税預り金勘定，健康保険料は健康保険料預り金勘定で処理する場合もある。

例題 本月分給料￥250,000を上記（5）例題の立替金￥10,000，所得税源泉徴収分￥15,000，健康保険料社員負担分￥12,000を差し引き手取金を現金で支払った。

（借方）給　料	250,000	（貸方）現　金	213,000
		立替金	10,000
		預り金	27,000

例題 上記②の所得税源泉徴収分を税務署に現金で納付した。

（借方）預り金　15,000　　（貸方）現　金　15,000

(7)仮払金・仮受金

金銭の収支はあったが，それを記入する勘定科目またはその金額が確定していない場合には，その内容が判明するまで，一時的に仮の勘定を設けて記入し，支出の場合は仮払金勘定を用いて処理する。支払ったときは仮払金勘定の借方に記入し，収入の場合は仮受金勘定を用いて処理する。受け取ったときは仮受金勘定の貸方に記入する。仮払金や仮受金は，勘定科目または金額が確定したときは，正しい勘定に振り替える。

例題 ① 従業員に旅費概算額¥20,000を現金で渡した。

(借方) 仮払金　20,000　　(貸方) 現　金　20,000

例題 ② 上記①の旅費を精算し，不足分¥3,000を支払った。

(借方) 旅　費　23,000　　(貸方) 仮払金　20,000
　　　　　　　　　　　　　　　　現　金　3,000

例題 ③ 出張中の従業員から当座預金に¥50,000の振り込みがあった。

(借方) 当座預金　50,000　　(貸方) 仮受金　50,000

例題 ④ 上記③は売掛金の回収と判明した。

(借方) 仮受金　50,000　　(貸方) 売掛金　50,000

(8)商品券(他店商品券)

商品券(負債)を発行したときに生じる商品引き渡し債務を処理する勘定が商品券勘定(負債)である。発行したときは貸方に，売上代金として回収したときは借方に記入する。

例題 商品券¥50,000を発行し，現金を受け取った。

(借方) 現　金　50,000　　(貸方) 商品券　50,000

例題 商品¥50,000を売り上げ，代金は商品券で受け取った。

(借方) 商品券　50,000　　(貸方) 売　上　50,000

注：他店商品券(資産)は他店で発行したもので，受け取った時に借方に記入する。
(借方) 他店商品券　×××　　(貸方) 売　上　×××

練習問題

問題1 前払金・前受金・未収金・未払金・貸付金・借入金

次の取引を仕訳しなさい。

1．京都商店は，かねて奈良商店に注文しておいた商品￥300,000を本日受け取った。
　なお，同商品を注文した際に内金として￥100,000を現金で支払っており，代金の残額は掛とした。

2．得意先愛知商店に対し，注文された商品を引き渡し，代金の￥200,000から手付金￥50,000を控除した残額を同店振り出しの約束手形で受け取った。

3．徳島商店は，商品の注文を受け，内金として￥80,000を小切手で受け取った。

4．商品￥100,000を仕入れ，代金のうち￥10,000は小切手を振り出して支払い，残額は月末払いとした。

5．深沢商店は，備品を￥20,000で売却し，代金は月末に受け取ることとした。

6．群馬商店から商品￥500,000を買う約束をし，手付金として現金で￥100,000支払った。

7．大宮商店に対し，商品￥600,000を発送した。注文を受けた時に内金￥200,000を受け取った。商品代金の残額は月末に受け取る予定である。

8．取引先神田商店に対して現金￥2,000,000を期間6ヶ月，年利率4％で貸し付けた。
　なお，担保品として，額面金額￥2,000,000の国債を預かった。

9．神田商店から，上記8の貸付金を満期日利息とともに同店振り出しの小切手で返済を受け，担保品を返却した。

10．上記9の神田商店の仕訳をしなさい。

	借方科目	金 額	貸方科目	金 額
1				
2				
3				
4				
5				
6				
7				
8				
9				
10				

問題2 立替金・預り金・仮払金・仮受金・商品券

次の取引を仕訳しなさい。

1. 従業員の生命保険料￥30,000を立て替え，現金で支払った。
2. 従業員の給料￥500,000から源泉徴収所得税￥50,000，健康保険料￥35,000を差し引き現金で支払った。
3. 従業員に対し，給料総額￥1,000,000につき，所得税の源泉徴収分￥150,000と従業員への立替金￥100,000を差し引き，手取金を現金で支払った。
4. 従業員の出張にあたり，旅費の概算額￥50,000を現金で渡した。
5. 出張中の従業員が帰店し，上記4の旅費の残額￥5,000を現金で受け取った。
6. 出張中の従業員から￥300,000の当座振り込みがあった，内容は不明である。
7. 出張中の従業員が帰店し，上記6の￥300,000の当座振り込みは栃木商店からの売掛金の回収分であることが判明した。
8. 当店の商品券￥70,000を発行し，代金を現金で受け取った。
9. 商品￥120,000を売り上げ，代金のうち￥50,000は先に当店が発行した商品券で受け取り，残額は他店振り出しの小切手で受け取った。

10. 浅草商店は，商品￥55,000を販売し，代金は小売商連合会の銀座商店が発行した商品券￥50,000で受け取り，不足分は現金で受け取った。

	借方科目	金　額	貸方科目	金　額
1				
2				
3				
4				
5				
6				
7				
8				
9				
10				

問題の解答・解説

問題1の解答

	借方科目	金 額	貸方科目	金 額
1	仕 入	300,000	前 払 金 買 掛 金	100,000 200,000
2	前 受 金 受 取 手 形	50,000 150,000	売 上	200,000
3	現 金	80,000	前 受 金	80,000
4	仕 入	100,000	当 座 預 金 買 掛 金	10,000 90,000
5	未 収 金	20,000	備 品	20,000
6	前 払 金	100,000	現 金	100,000
7	前 受 金 売 掛 金	200,000 400,000	売 上	600,000
8	貸 付 金	2,000,000	現 金	2,000,000
9	現 金	2,040,000	貸 付 金 受 取 利 息	2,000,000 40,000
10	借 入 金 支 払 利 息	2,000,000 40,000	当 座 預 金	2,040,000

問題1の解説

1．商品を受け取ることによって仕入とする。内金支払時はまだ仕入れたことにならない。

2．商品を引き渡すことによって売上とする。約束手形の受け取りは受取手形である。

3．商品の注文を受けた時の内金は前受金である。

4．小切手の振り出し支払いは当座預金勘定の貸方に記入する，商品の月末払いは買掛金勘定を用いて処理する。

5．代金を月末受け取る場合は未収金勘定を用いて処理する。

6．買う約束した段階では，仕入の計上ができない。前払金勘定を用いて処理する。

7．商品を発送した時点で，売上の計上とする。
8．担保預かりの仕訳は３級では必要ない。
9．利息の計算：¥2,000,000×0.04×６ヶ月÷12ヶ月＝¥40,000
10．上記９と逆で借り入れの立場の仕訳となる。

問題２の解答

	借方科目	金　額	貸方科目	金　額
1	立替金	30,000	現金	30,000
2	給料	500,000	現金 預り金	415,000 85,000
3	給料	1,000,000	現金 預り金 立替金	750,000 150,000 100,000
4	仮払金	50,000	現金	50,000
5	旅費 現金	45,000 5,000	仮払金	50,000
6	当座預金	300,000	仮受金	300,000
7	仮受金	300,000	売掛金	300,000
8	現金	70,000	商品券	70,000
9	現金 商品券	70,000 50,000	売上	120,000
10	他店商品券 現金	50,000 5,000	売上	55,000

問題２の解説

1．従業員の生命保険料の立て替えは，立替金勘定または従業員立替金勘定を用いて処理する。
2．給料支払時，源泉徴収所得税と健康保険料は預り金勘定で処理する。
3．（貸方）立替金は従業員からの返済分であり，（貸方）預り金は納税などの後日支払い分である。会社は全従業員分をまとめて納付する。
4．旅費の実際額は帰店してから判明。現金前渡時は，（借方）仮払金となる。
5．従業員の帰店によって実際額との差額を精算する。実際額は旅費勘定の借方に記入する，差額は現金勘定の借方に記入する。

6．内容不明の当座振込入金は仮受金勘定の貸方に記入する。

7．当座振り込みの内容が判明した場合，当該勘定に振り替える（売掛金勘定の貸方に記入する)。

8．商品券の発行は商品券勘定の貸方に記入する。

9．売り上げのとき，商品券の受け取りは商品券勘定の借方に記入する，他店振り出しの小切手の受け取りは現金勘定の借方に記入する。

10．商品販売時，他店の商品券を受け取ったときは，他店商品券勘定の借方に記入する。

10 固定資産の処理

(1) 固定資産（有形固定資産）

固定資産とは，企業が経営活動のために長期間（1年以上）使用する目的で取得した資産をいう。具体的には，建物，車両運搬具，備品，機械，土地などをいい，これらを取得したときは，当該資産勘定を用いて処理し，付随費用（使用できるまでに要した費用）は該当資産勘定に含める。

取得原価＝購入代価＋付随費用

例題 建物¥1,000,000を購入し，仲介手数料¥10,000とともに小切手で支払った。

（借方）建物　1,010,000　　（貸方）当座預金　1,010,000

(2) 固定資産の売却

建物や備品などが不用となり売却したときは，その固定資産の帳簿価額と売却価額との差額を固定資産売却益勘定または固定資産売却損勘定で処理する。

例題 建物¥1,010,000を¥1,050,000で売却し，代金は現金で受け取った。

売却価額＞帳簿価額の場合

（借方）現　金	1,050,000	（貸方）建　物	1,010,000
		固定資産売却益	40,000

例題 建物¥1,010,000を¥1,000,000で売却し，代金は現金で受け取った。

売却価額＜帳簿価額の場合

（借方）現　金	1,000,000	（貸方）建　物	1,010,000
固定資産売却損	10,000		

(3) 減価償却

土地以外の固定資産は使用またはときの経過などにより価値が減少し，いずれは使用できなくなる。そこで，使用できなくなったときに一度に全額を費用としないで，使用期間の各年度の決算において，その金額の一部を費用とする。これを減価償却といい，この費用を減価償却費という。

（4）減価償却費の計算方法

減価償却費の計算方法には定額法や定率法がある。日商簿記検定３級では定額法のみが出題される。

［定額法］

$$減価償却費 = \frac{取得原価 - 残存価額}{耐用年数}$$

注：耐用年数とは，その固定資産の使用できる見積り年数をいう。
残存価額とは，耐用年数が経過した後の見積処分価額をいう。
日商簿記検定では，残存価額は，近年実務に合わせ０の場合が多い。

（5）減価償却の記帳

減価償却の記帳方法には，直接控除法と間接控除法がある。

例題　備品の当期減価償却費￥50,000を計上した。

（1）直接控除法

減価償却額を固定資産勘定から直接控除する方法を直接控除法（または直接法）という。減価償却費勘定を借方に用いる。

（借方）減価償却費　50,000　　（貸方）備　品　50,000

（2）間接控除法

減価償却額を評価勘定である減価償却累計額勘定に計上し，固定資産勘定から間接的にその金額を控除する方法を間接控除法（または間接法）という。建物や備品などの資産勘定は，この方法では常に取得原価を示している。

（借方）減価償却費　50,000　　（貸方）減価償却累計額　50,000

（6）減価償却と固定資産の売却

例題　備品（取得原価￥50,000，減価償却累計額￥5,000）を￥42,000で売却した。代金は現金で受け取った。

（借方）	現　金	42,000	（貸方）備　品	50,000
	減価償却累計額	5,000		
	固定資産売却損	3,000		

例題　備品（取得原価￥50,000，減価償却累計額￥5,000）を￥47,000で売却した。代金は現金で受け取った。

（借方）	現　金	47,000	（貸方）備　品	50,000
	減価償却累計額	5,000	固定資産売却益	2,000

練習問題

問題 固定資産

1．決算にあたり，機械（取得原価￥700,000，残存価額10％，耐用年数10年）の減価償却（定額法，直接法）を行った。

2．決算にあたり，建物（取得原価￥3,000,000，残存価額10％，耐用年数20年）の減価償却（定額法，間接法）を行った。

3．土地￥5,000,000を購入し，代金は月末に支払うことにした。なお，不動産業者への仲介手数料￥200,000，登録料￥60,000，整地費用￥40,000は小切手で支払った。

4．取得原価￥600,000，帳簿価額￥400,000（減価償却費控除後）の備品を売却し，代金￥500,000は現金で受け取った。なお，減価償却は直接法で記帳されている。

5．取得原価￥500,000，減価償却累計額￥200,000の備品を売却し，代金￥280,000は現金で受け取った。なお，減価償却は間接法で記帳されている。

6．営業用の自動車を￥2,500,000で購入し，代金のうち￥500,000は現金で支払った，残額は毎月末￥400,000ずつ分割で支払うことにした。

7．パソコン5台を購入し，その代金￥600,000のうちの半分は小切手を振り出して支払い，残額は月末に支払うことにした。なお，引取運賃￥5,000は現金で支払った。

8．配達用のトラック（取得原価￥880,000，減価償却累計額￥450,000）を￥400,000で売却し，代金は月末に受け取ることにした。

9．営業用建物￥2,500,000を購入し，小切手を振り出して支払った。なお，不動産業者への手数料￥150,000と登録料￥80,000は現金で支払った。

10．備品（取得原価￥700,000，減価償却累計額￥400,000）を￥350,000で売却し，代金は月末に受け取ることにした。

	借方科目	金　額	貸方科目	金　額
1				
2				
3				
4				
5				
6				
7				
8				
9				
10				

問題の解答・解説

問題の解答

	借方科目	金　額	貸方科目	金　額
1	減価償却費	63,000	機械	63,000
2	減価償却費	135,000	減価償却累計額	135,000
3	土地	5,300,000	未払金 当座預金	5,000,000 300,000
4	現金	500,000	備品 固定資産売却益	400,000 100,000
5	現金 減価償却累計額 固定資産売却損	280,000 200,000 20,000	備品	500,000
6	車両運搬具	2,500,000	現金 未払金	500,000 2,000,000
7	備品	605,000	当座預金 未払金 現金	300,000 300,000 5,000
8	車両減価償却累計額 未収金 固定資産売却損	450,000 400,000 30,000	車両運搬具	880,000
9	建物	2,730,000	当座預金 現金	2,500,000 230,000
10	未収金 備品減価償却累計額	350,000 400,000	備品 固定資産売却益	700,000 50,000

問題の解説

1．直接法は資産（機械）の価額を直接減額する。

$$\text{減価償却費} = \frac{700{,}000 - 700{,}000 \times 0.1}{10} = \frac{700{,}000 \times (1 - 0.1)}{10} = 63{,}000$$

2．間接法は減価償却累計額勘定を用いて処理する。

$$減価償却費 = \frac{3{,}000{,}000 - 3{,}000{,}000 \times 0.1}{20} = \frac{3{,}000{,}000 \times (1 - 0.1)}{20} = 135{,}000$$

3．土地購入に伴う付随費用は土地に含めて処理する。

4．直接法は毎期減価償却分を資産から直接減額する。

売却価額￥500,000 と帳簿価額￥400,000 の差額は固定資産売却益に計上する。

5．間接法は減価償却累計額勘定を用いて記帳する，資産の価額を直接減額しない。

6．車両運搬具購入の未払い分は未払金勘定を用いて処理する。

7．パソコン（備品）を購入する際，引取運賃を取得原価に含める。

8．帳簿価額￥430,000（￥880,000－￥450,000）>売却価額 400,000，差額￥30,000 を固定資産売却損に記帳する。

9．仲介手数料や登録料は建物の取得原価に含める。

10．備品の減価償却後の価値は￥300,000 である。￥350,000 で売却したので，￥50,000 を固定資産売却益勘定に記入する。

11 資本の処理

(1) 資本金とは

日商簿記検定3級での資本金とは個人企業への出資額（元入れ高），当期純利益（損失），追加出資額（追加元入れ高），事業主の私用（引出金）などを処理する勘定のこと。

資本金

借方	貸方
引　出　高 当期純損失	当初元入高 追加元入高 当期純利益

(2) 出資の場合の仕訳例

① 金銭出資の場合の仕訳。

例題 現金￥2,000,000を元入れして，開業した。

（借方）現金　2,000,000　　（貸方）資本金　2,000,000

② 現物出資の場合の仕訳。

例題 建物￥5,000,000を元入れして，開業した。

（借方）建物　5,000,000　　（貸方）資本金　5,000,000

③ 追加出資の場合の仕訳。

例題 現金￥1,000,000を追加元入れした。

（借方）現金　1,000,000　　（貸方）資本金　1,000,000

(3) 引出金の仕訳例

個人企業の経営者が現金や商品などを私用で使うことを「資本の引出し」という。資本の引出しについては引出金勘定と資本金勘定で処理する2つの方法がある。

① 事業主が現金を私用した場合。

例題 店主が店の現金￥100,000を私用した。

・引出金勘定使用の場合（注：出題頻度高い）。

（借方）引出金　100,000　　（貸方）現金　100,000

・資本金勘定のみ使用の場合。

（借方）資本金　100,000　　（貸方）現金　100,000

② 事業主が商品を私用した場合（引出金勘定使用）

例題 店主が商品￥100,000（仕入原価）を私用した。

（借方）引出金　100,000　　（貸方）仕入　100,000

（4）引出金の期末処理

引出金勘定を使用している場合，決算において，資本金を減少させる仕訳を必要とする。

例題 決算で引出金借方残高￥200,000 を資本金に振り替えた。

（借方）資本金　200,000　　（貸方）引出金　200,000

（5）当期純損益の期末処理

決算で当期純利益（または損失）を資本金に振り替える仕訳を行い，資本金を増加（減少）させる。

例題 当期純利益￥300,000 を資本金に振り替えた。

（借方）損　益　300,000　　（貸方）資本金　300,000

例題 当期純損失￥120,000 を資本金に振り替えた。

（借方）資本金　120,000　　（貸方）損　益　120,000

練習問題

問題 資本金・引出金

次の取引を仕訳しなさい。

1．広島商店は現金￥1,500,000を元入れして営業を開始した。
2．神戸商店は現金￥800,000と建物￥1,500,000を元入れして営業を開始した。
3．広島商店は現金￥1,000,000を追加元入れして営業を拡張した。
4．店主が家計費として現金￥50,000を店から引き出した。
5．鳥取商店は光熱費￥10,000を現金で支払ったが、4分の1は店主家庭用である。
6．確定申告を行い所得税額￥20,000を店の小切手を振り出して納付した。
7．店舗の火災保険料￥120,000と店主の生命保険料￥80,000を現金で支払った。
8．決算において，引出金勘定（借方残高）￥132,500を資本金勘定に振り替えた。
9．決算の結果，当期純利益￥450,000を資本金勘定に振り替えた。
10．決算の結果，当期純損失￥300,000を資本金勘定に振り替えた。

	借方科目	金　額	貸方科目	金　額
1				
2				
3				
4				
5				
6				
7				
8				
9				
10				

問題の解答・解説

問題の解答

	借方科目	金 額	貸方科目	金 額
1	現 金	1,500,000	資 本 金	1,500,000
2	現 金 建 物	800,000 1,500,000	資 本 金	2,300,000
3	現 金	1,000,000	資 本 金	1,000,000
4	引 出 金	50,000	現 金	50,000
5	光 熱 費 引 出 金	7,500 2,500	現 金	10,000
6	引 出 金	20,000	当 座 預 金	20,000
7	保 険 料 引 出 金	120,000 80,000	現 金	200,000
8	資 本 金	132,500	引 出 金	132,500
9	損 益	450,000	資 本 金	450,000
10	資 本 金	300,000	損 益	300,000

問題の解説

1．元入れ（出資）は資本金の増加。店の現金（資産）も増加する。

2．出資形態は異なっても元入れ（出資）は資本金の増加。

3．追加元入れは資本金の増加。

4．店主私用は（借方）引出金または資本金を用いる。

5．店主私用は（借方）引出金または資本金を用いる。

6．所得税は事業主個人が支払うもの，ゆえに（借方）引出金または資本金。

7．店主の生命保険料は店主が支払うべきものであり，その分（借方）引出金また資本金を用いて処理する。

8．引出金借方残高は店主が私用して，または店に返済していない分。決算の際，資本金を減少させる。

9．当期純利益は資本金の増加となる，資本金勘定の貸方に計上する。

10．当期純損失は資本金の減少となる，資本金勘定の借方に計上する。

第2章　補助簿

第２問の出題傾向と対策

第２問は，補助簿や勘定口座への記入問題が出題される。補助簿には，現金出納帳・当座預金出納帳・小口現金出納帳・売上帳・仕入帳・受取手形記入帳・支払手形記入帳・売掛金元帳・買掛金元帳・商品有高帳が出題されている。また，取引がどの帳簿に記入されるのかといった問題も度々出題されている。勘定口座記入の問題は，各勘定への記入にとどまらず，決算再振替の問題や分記法から三分法への変更問題等，過去問題を解いておくことが必要なものや，応用力が試される問題も出題されている。よく理解していないと解答が難しい場合もあり，その場合は他の問題から解答することも考えるべきである。

1 現金出納帳・当座預金出納帳

(1) 現金出納帳とは

企業活動が活発になればなるほど，現金の出入りは頻繁になる。出入りが頻繁であれば，当然，その出入りのチェックに間違いが生じる可能性が増すことになる。そのため，事業活動を行うものは，現金の有高や収入（入金）・支出（出金）を正しく詳細に記録する必要が生じる。

通常，総勘定元帳の現金勘定の摘要には，その増減の相手勘定科目が記入されているだけで，現金の増加や減少の理由や取引先名が記入されることはない。そこで，総勘定元帳の現金勘定とは別に，現金の出入りの明細を記入する補助簿として「現金出納帳」が重要な役割をはたすことになる。

現金出納帳には，現金の増減が生じた原因や取引先名，相手勘定科目などの明細が記入される。

(2) 現金出納帳の記入方法と記帳例

例題

次の取引を，現金出納帳に記入して締め切りなさい。摘要欄には取引の内容を書くこと。なお，前月繰越高は¥350,000であり，現金出納帳へ記入済みである。

4月2日　羽生商店へ商品を¥120,000で売り上げ代金は小切手で受け取った。
　　7日　行田商店から商品¥150,000を仕入れ，代金は2日に羽生商店から受け取った小切手で支払った。
　　18日　持田商店に対する売掛金を，同店振り出しの小切手¥80,000で回収した。

（記帳例）

現金出納帳

月	日	摘　　　要	収　入	支　出	残　高
4	1	前　月　繰　越	350,000		350,000
	2	羽生商店へ売上	120,000		470,000
	7	行田商店より仕入		150,000	320,000
	18	持田商店の掛代金回収	80,000		Ⓐ400,000
	30	次　月　繰　越		400,000	
			Ⓑ550,000	Ⓑ550,000	
5	1	前　月　繰　越	Ⓒ400,000		Ⓒ400,000

締切線（2本線）　締切線（2本線）　合計線（1本線）

（記入方法）

月中取引の収入・支出を日付順に記入し，そのつど残高を記入する（4/2～4/18）。

月中取引の記入が終了したら，月末の残高金額Ⓐを支出欄に記入する。このとき日付欄は「月末日付」摘要欄には「次月繰越」と赤記する。

次に収入欄・支出欄を合計する。ここまでの記入が正確であれば，両者の合計額は必ず一致する（Ⓑ）。

最後に翌月の1日付で摘要欄に「前月繰越」と記入する。そして金額を収入欄と残高欄に記入する（Ⓒ）。

（3）当座預金出納帳とは

当座預金出納帳とは，当座預金の預け入れ・引き出しに関する明細と現在有高を記入する補助簿のことをいう。

（4）当座預金出納帳の記入方法と記帳例

例題

次の取引を当座預金出納帳に記入して月末に締め切りなさい。摘要欄には取引の内容を書くこと。なお，前月繰越高は￥800,000で当座預金出納帳に記入済みである。

4月5日　熊谷商店から商品￥100,000を仕入れ，代金は小切手を振り出して支払った。

18日　石原銀行の当座預金口座に，現金￥280,000を預け入れた。

27日　得意先麻生商店から掛代金￥180,000が当店の当座預金口座に振り込まれた。

（記帳例）

当座預金出納帳

月	日	摘　　要	入　金	出　金	借／貸	残　高
4	1	前月繰越	800,000		借	800,000
	5	熊谷商店より仕入		100,000	〃	700,000
	18	石原銀行に預け入れ	280,000		〃	980,000
	27	麻生商店の掛代金回収	180,000		〃	1,160,000
	30	次月繰越		1,160,000		
			1,260,000	1,260,000		
5	1	前月繰越	1,160,000			1,160,000

（記入方法）

当座預金出納帳の記入方法は現金出納帳と同様の方法である。ただし，借／貸欄に取引ごとに借方残高か貸方残高かを記入する必要があるが，当座預金出納帳は通常，当座預金勘定が資産なので借方残高となる。

練習問題

問題１　現金出納帳

次の取引を現金出納帳に記入し，締め切りなさい。

5月2日　安積商店に商品￥540,000を販売し，代金のうち￥290,000は現金で受取り，残額は掛とした。

4日　岳商店に買掛金￥580,000を現金で支払った。

8日　二本松商店より売掛金￥170,000を回収し，代金は同店振り出しの小切手で受け取った。

11日　事務用椅子を￥30,000で購入し，代金は現金で支払った。

13日　郡山商店から商品￥430,000を仕入れ，代金のうち￥200,000を現金で支払い，残額は掛とした。

19日　安達商店より売掛金￥180,000を回収し，代金は郵便為替証書で受け取った。

26日　従業員の給料￥230,000を現金で支払った。

現金出納帳

月	日	摘　　要	収　入	支　出	残　高
5	1	前　月　繰　越	800,000		800,000
6	1	前　月　繰　越			

問題2 当座預金出納帳

次の取引を当座預金出納帳に記入し，締め切りなさい。

6月4日　宇治商店に商品￥380,000を販売し，代金は同店振り出しの小切手で受け取り，直ちに南山銀行の当座預金に預け入れた。

8日　田原商店に対する買掛金￥150,000を小切手を振り出して支払った。

12日　事務用机￥50,000を購入し，代金は小切手を振り出して支払った。

16日　城陽商店から商品￥300,000を仕入れ，代金のうち￥120,000を現金で支払い，残額は小切手を振り出して支払った。

20日　向島商店より売掛金￥200,000が当店の当座預金口座に振り込まれた。

28日　三室商店より売掛金￥70,000を当店振り出しの小切手で受け取った。

当座預金出納帳

月	日	摘　　要	収　入	支　出	借／貸	残　高
6	1	前　月　繰　越	230,000		借	230,000
	30	次　月　繰　越				
7	1	前　月　繰　越				

問題の解答・解説

問題１の解答

現金出納帳

月	日	摘　要	収　入	支　出	残　高
5	1	前月繰越	800,000		800,000
	2	安積商店へ商品売上	290,000		1,090,000
	4	岳商店に買掛金支払		580,000	510,000
	8	二本松商店の売掛金回収	170,000		680,000
	11	事務用椅子購入		30,000	650,000
	13	郡山商店から商品仕入		200,000	450,000
	19	安達商店から売掛金回収	180,000		630,000
	26	今月分の給料支払		230,000	400,000
	31	次月繰越		400,000	
			1,440,000	1,440,000	
6	1	前月繰越	400,000		400,000

問題１の解説

設問の取引の仕訳を示すと以下のようになる。

5月2日	（借）	現　金	290,000	（貸）	売　上	540,000
		売掛金	250,000			
4日	（借）	買掛金	580,000	（貸）	現　金	580,000
8日	（借）	現　金	170,000	（貸）	売掛金	170,000
11日	（借）	備　品	30,000	（貸）	現　金	30,000
13日	（借）	仕　入	430,000	（貸）	現　金	200,000
					買掛金	230,000
19日	（借）	現　金	180,000	（貸）	売掛金	180,000
26日	（借）	給　料	230,000	（貸）	現　金	230,000

問題2の解答

当座預金出納帳

月	日	摘要	収入	支出	借／貸	残高
6	1	前月繰越	230,000		借	230,000
	4	宇治商店へ商品売上	380,000		〃	610,000
	8	田原商店へ買掛金支払		150,000	〃	460,000
	12	事務用机購入		50,000	〃	410,000
	16	城陽商店より商品仕入		180,000	〃	230,000
	20	向島商店から売掛金回収	200,000		〃	430,000
	28	三室商店から売掛金回収	70,000		〃	500,000
	30	次月繰越		500,000		
			880,000	880,000		
7	1	前月繰越	500,000			500,000

問題2の解説

設問の取引の仕訳を示すと以下のようになる。

6月4日	（借）当座預金	380,000	（貸）売上	380,000
8日	（借）買掛金	150,000	（貸）当座預金	150,000
12日	（借）備品	50,000	（貸）当座預金	50,000
16日	（借）仕入	300,000	（貸）現金	120,000
			当座預金	180,000
20日	（借）当座預金	200,000	（貸）売掛金	200,000
28日	（借）当座預金	70,000	（貸）売掛金	70,000

2 売上帳・仕入帳

(1) 売上帳とは

商品や製品を販売したときに，その明細を記録する補助簿のことを売上帳という。

(2) 売上帳の記入方法

例題 (月中取引例)

次の取引を売上帳に記入しなさい。

9月2日　小野商店へ商品を売り上げ，代金は掛とした。

　　化粧用石鹸　10個　　@￥250

　　消毒用薬品　15本　　@￥500

(記帳例)

売　上　帳

平成○年		摘　　要		内　訳	金　額
9	2	小野商店	掛		
		化粧用石鹸　10個	@￥250	2,500	
		消毒用薬品　15本	@￥500	7,500	10,000

得意先名・商品名／数量／決済条件・単価／合計金額

1つの取引で2種類の商品を売り上げたときのそれぞれの金額

(3) 売上帳の締め切り方

売上帳の締め切り方は「総売上高」，「値引・戻り高」，「純売上高」を3行に分けて記入する。

（記入例）

総売上高		400,000
売上値引・戻り高		50,000
純売上高		350,000

（4）仕入帳とは

売上帳に対し，仕入れの明細を取引順に記録しておく補助簿のことを仕入帳という。

（5）仕入帳の記入方法

例題 （月中取引例）

次の取引を仕入帳に記入しなさい。

7月15日　飾磨商店から商品を仕入れ，代金は掛とした。

スポーツ用靴下　10足　@￥500

T　シ　ャ　ツ　15着　@￥3,500

（記帳例）

仕　入　帳

平成○年		摘　　要		内　訳	金　額
7	15	飾磨商店	掛		
		スポーツ用靴下　10足	@￥500	5,000	
		T　シ　ャ　ツ　15着	@￥3,500	52,500	57,500

仕入先名
商品名

数量

決済条件
単価

合計金額

1つの取引で2種類以上の商品を仕入れたときのそれぞれの金額

（6）仕入帳の締め切り方

仕入帳の締め切り方は「総仕入高」，「値引・戻し高」，「純仕入高」を3行に分けて記入する。

（記入例）

総仕入高		600,000
仕入値引・戻し高		120,000
純仕入高		480,000

練習問題

問題1 売上帳

次に示す取引を売上帳に記入し，締め切りなさい。

9月4日　桶川商店に次の商品を売り上げ，代金は掛とした。

　　　ボールペン 20 本　　@ ¥2,000　¥40,000
　　　万　年　筆 30 本　　@ ¥3,000　¥90,000

9月14日　上記の商品の内，ボールペン3本が不良品のため返品された。なお，代金は売掛金から差し引くことにした。

　　　ボールペン 3 本　　@ ¥2,000　¥6,000

9月24日　北本商店に次の商品を売り上げ，代金は掛とした。

　　　ボールペン 30 本　　@ ¥2,000　¥60,000

9月29日　鴻巣商店に次の商品を売り上げ，代金の内¥150,000は約束手形で受け取り，残額は掛とした。

　　　ボールペン 30 本　　@ ¥2,000　¥60,000
　　　万　年　筆 20 本　　@ ¥3,000　¥60,000

売　上　帳

平成○年		摘　　要		内　訳	金　額
9	4	桶 川 商 店	掛		
		ボールペン　(　　　)　(　　　)		(　　　)	
		万　年　筆　(　　　)　(　　　)		(　　　)	(　　　)
	14	桶 川 商 店	(　　　)		
		ボールペン　(　　　)　(　　　)			(　　　)
	24	北 本 商 店	掛		
		ボールペン　(　　　)　(　　　)			(　　　)
	29	鴻 巣 商 店	諸口		
		ボールペン　(　　　)　(　　　)		(　　　)	
		万　年　筆　(　　　)　(　　　)		(　　　)	(　　　)
	30		総売上高		(　　　)
			(　　　)		(　　　)
			(　　　)		(　　　)

問題2　仕入帳

次に示す取引を仕入帳に記入し，締め切りなさい。

10月 3 日　吹上商店に次の商品を仕入れ，代金は掛とした。

長袖ワイシャツ 30 着　　@ ¥8,000　¥240,000

半袖ワイシャツ 20 着　　@ ¥7,000　¥140,000

10月12日　行田商店より次の商品を仕入れ，代金は掛とした。

長袖ワイシャツ 20 着　　@ ¥8,000　¥160,000

10月21日　行田商店より仕入れ商品のうち 10 着が不良品であるため返品した。

長袖ワイシャツ 10 着　　@ ¥8,000　¥80,000

10月27日　吉見商店より次の商品を仕入れ，代金のうち ¥400,000 は約束手形で支払い，残額は掛とした。

長袖ワイシャツ 30 着　　@ ¥8,000　¥240,000

半袖ワイシャツ 50 着　　@ ¥7,000　¥350,000

仕 入 帳

平成○年		摘 要			内 訳	金 額
10	3	吹 上 商 店		掛		
		長袖Yシャツ	(　　)	(　　)	(　　)	
		半袖Yシャツ	(　　)	(　　)	(　　)	(　　)
	12	行 田 商 店		掛		
		長袖Yシャツ	(　　)	(　　)		(　　)
	21	行 田 商 店		戻し		
		長袖Yシャツ	(　　)	(　　)		(　　)
	27	吉 見 商 店		諸口		
		長袖Yシャツ	(　　)	(　　)	(　　)	
		半袖Yシャツ	(　　)	(　　)	(　　)	(　　)
	30			(　　)		(　　)
				(　　)		(　　)
				(　　)		(　　)

問題の解答・解説

問題1の解答

売上帳

売　上　帳

平成○年		摘　　　要		内　訳	金　額
9	4	桶川商店	掛		
		ボールペン　20本	@¥2,000	40,000	
		万年筆　30本	@¥3,000	90,000	130,000
	14	桶川商店	戻り		
		ボールペン　3本	@¥2,000		6,000
	24	北本商店	掛		
		ボールペン　30本	@¥2,000		60,000
	29	鴻巣商店	諸口		
		ボールペン　30本	@¥2,000	60,000	
		万年筆　20本	@¥3,000	60,000	120,000
	30		総売上高		310,000
			売上戻り高		**6,000**
			純売上高		304,000

問題1の解説

締め切りの算出方法は以下のとおりである。

① 総売上高……¥130,000（9/4）+ ¥60,000（9/24）+ ¥120,000（9/29）
= ¥310,000

② 売上戻り高…¥6,000（9/14）

③ 純売上高……¥310,000（①）－ ¥6,000（②）= ¥304,000

問題２の解答

仕入帳

仕　入　帳

平成○年		摘　　　要		内　訳	金　額
10	3	吹 上 商 店	掛		
		長袖Ｙシャツ　30 着	@ ¥8,000	240,000	
		半袖Ｙシャツ　20 着	@ ¥7,000	140,000	380,000
	12	行 田 商 店	掛		
		長袖Ｙシャツ　20 着	@ ¥8,000		160,000
	21	行 田 商 店	戻し		
		長袖Ｙシャツ　10 着	@ ¥8,000		80,000
	27	吉 見 商 店	諸口		
		長袖Ｙシャツ　30 着	@ ¥8,000	240,000	
		半袖Ｙシャツ　50 着	@ ¥7,000	350,000	590,000
	30		総仕入高		1,130,000
			仕入戻し高		**80,000**
			純仕入高		1,050,000

問題２の解説

締め切りの算出法方法は以下のとおりである。

① 総仕入高……¥380,000（10/ 3）+ ¥160,000（10/12）
+ ¥590,000（10/27）= ¥1,130,000

② 仕入戻し高…¥80,000（10/21）

③ 純仕入高……¥1,130,000（①）− ¥80,000（②）= ¥1,050,000

3 小口現金出納帳

(1) 小口現金出納帳とは

小口現金出納帳とは，小口現金の支払いや補給の明細を記録する補助簿のことをいう。小口現金出納帳は，「資金の補給を週末に行う場合」（後述の（2）参照）と「翌週初めに行う場合」（後述の（3）参照）とでは記入方法が異なる。

(2) 週末補給の場合の記入例

例題

次の取引を小口現金出納帳に記入し，週末における締め切りと資金補給に関する記入を行いなさい。なお，定額資金前渡制（インプレスト・システム）により，資金補給を週末に行っている。

5月7日　切手代　¥4,000
　　8日　お茶菓子代　¥2,000
　　10日　回数券代　¥4,820
　　11日　電気代　¥4,150

(記入例)

小口現金出納帳

受入	平成○年		摘要	支払	内訳			
					交通費	通信費	光熱費	雑費
60,000	5	6	前週繰越					
		7	切手代	4,000		4,000		
		8	お茶菓子代	2,000				2,000
		10	回数券代	4,820	4,820			
		11	電気代	4,150			4,150	
			合計	Ⓐ14,970	4,820	4,000	4,150	2,000
Ⓑ14,970		11	本日補給					
		〃	次週繰越	Ⓒ60,000				
Ⓓ74,970				Ⓓ74,970				
Ⓔ60,000	5	13	前週繰越					

(記入方法)

①支払った金額は支払額と内訳額に記入する（5/6 ～ 5/12）

②週末に支払欄および内訳欄を合計する（Ⓐ)。このとき支払額の合計金額と内訳欄の合計金額は一致する。

14,970 = 4,820 + 4,000 + 4,150 + 2,000

（支払欄合計）　　　（内訳欄合計）

③週末に補給を行うので「本日補給」の受入欄に支払欄の合計金額を記入する(Ⓑ)。

④週末補給の場合，次週へ繰り越す金額は定額資金なので，これを支払欄に記入する（Ⓒ)。

⑤受入欄の合計金額と支払欄の合計金額は（定額資金＋支払額合計）の金額で一致する（Ⓓ)。

⑥「前週繰越」の受入欄に定額資金の金額を記入する（Ⓔ)。

（3）翌週補給の場合の記入例

例題

次の取引を小口現金出納帳に記入し，週末における締め切りと資金補給に関する記入を行いなさい。なお，定額資金前渡制により，資金補給を翌週初めに行っている。

5月7日	切手代	¥4,000
8日	お茶菓子代	¥2,000
10日	回数券代	¥4,820
11日	電気代	¥4,150

（記入例）

小口現金出納帳

受入	平成○年		摘　要	支払	内訳			
					交通費	通信費	光熱費	雑費
39,000	5	6	前週繰越					
21,000		〃	本日補給					
		7	切手代	4,000		4,000		
		8	お茶菓子代	2,000				2,000
		10	回数券代	4,820	4,820			
		11	電気代	4,150			4,150	
			合計	14,970	4,820	4,000	4,150	2,000
		〃	次週繰越	Ⓐ45,030				
Ⓑ60,000				Ⓑ60,000				
Ⓒ45,030	5	13	前週繰越					
Ⓓ14,970		〃	本日補給					

（記入方法）

①②｝前出（2）週末補給の場合の記入例と同じ。

③ 翌週に補給を行うので，受入欄の合計と支払欄の合計の差額を次週に繰り越す。つまり使わなかった分を繰り越す（Ⓐ)。

④ 受入欄の合計金額と支払欄の合計金額は定額資金の金額で一致する（Ⓑ)。

⑤「前週繰越」の受入欄に「次週繰越」の金額を記入する（Ⓒ)。

⑥「本日補給」の受入欄に補給額，すなわち前週に使用した分を記入する（Ⓓ)。

練習問題

問題1 小口現金（週末補給）

次の取引を小口現金出納帳に記入し，あわせて週末における締め切りと資金の補給に関する記入を行いなさい。当店の小口現金担当者は，その週の支払報告と資金の補給を毎週金曜日の営業時間終了後に行っている。なお，資金の補給方法は定額資金前渡制（インプレスト・システム）によっている。

6月20日	（月）	バス回数券代	¥12,000
21日	（火）	コピー用紙代	¥8,000
22日	（水）	タクシー代	¥9,500
23日	（木）	切手代	¥15,000
23日	（木）	お茶菓子代	¥7,000
24日	（金）	電話代	¥18,000
24日	（金）	万年筆インク代	¥6,000

小口現金出納帳

受入	平成○年		摘要	支払	内訳			
					交通費	通信費	消耗品費	雑費
120,000	6	20	前週繰越					
			合計					
			本日補給					
			次週繰越					
	6	27	前週繰越					

問題2 小口現金（翌週補給）

次の取引を小口現金出納帳に記入し，あわせて週末における締め切りと資金の補給に関する記入を行いなさい。当店の小口現金担当者は，その週の支払報告と資金の補給を翌週の月曜日に行っている。なお，資金の補給方法は定額資金前渡制（インプレスト・システム）によっている。

6月20日	（月）	バス回数券代	¥6,000
21日	（火）	コピー用紙代	¥8,000
22日	（水）	タクシー代	¥9,500
23日	（木）	切手代	¥15,000
23日	（木）	お茶菓子代	¥7,000
24日	（金）	電話代	¥18,000
24日	（金）	万年筆インク代	¥6,000

小口現金出納帳

受入	平成○年		摘　要	支払	内訳			
					交通費	通信費	消耗品費	雑費
18,700	6	20	前週繰越					
81,300		〃	本日補給					
			合計					
			次週繰越					
	6	27	前週繰越					
		〃	本日補給					

問題の解答・解説

問題１の解答

小口現金（週末補給）

小口現金出納帳

受入	平成○年		摘　要	支払	内訳			
					交通費	通信費	消耗品費	雑費
120,000	6	20	前週繰越					
		〃	バス回数券	12,000	12,000			
		21	コピー用紙	8,000			8,000	
		22	タクシー代	9,500	9,500			
		23	切手購入	15,000		15,000		
		〃	お茶菓子代	7,000				7,000
		24	電話代支払	18,000		18,000		
		〃	インク代	6,000			6,000	
			合計	75,500	21,500	33,000	14,000	7,000
75,500		24	本日補給					
		〃	次週繰越	120,000				
195,500				195,500				
120,000	6	27	前週繰越					

問題１の解説

次週繰越の金額が定額資金￥120,000となることに注意する。また受入欄の合計と支払欄の合計が定額資金と支払った金額（￥120,000＋￥75,500）の合計金額で一致する。

問題２の解答

小口現金（翌週補給）

小口現金出納帳

受入	平成○年		摘要	支払	内訳 交通費	通信費	消耗品費	雑費
18,700	6	20	前週繰越					
81,300		〃	本日補給					
		〃	バス回数券	6,000	6,000			
		21	コピー用紙	8,000			8,000	
		22	タクシー代	9,500	9,500			
		23	切手購入	15,000		15,000		
		〃	お茶菓子代	7,000				7,000
		24	電話代支払	18,000		18,000		
		〃	インク代	6,000			6,000	
			合計	69,500	15,500	33,000	14,000	7,000
		24	次週繰越	30,500				
100,000				100,000				
30,500	6	27	前週繰越					
69,500		〃	本日補給					

問題２の解説

次週繰越の金額が未使用（¥100,000－¥69,500）となることに注意する。また受入欄の合計と支払欄の合計は定額資金¥100,000で一致する。

4 受取手形記入帳・支払手形記入帳

(1) 受取手形記入帳

受取手形記入帳とは手形債権の発生と消滅に関する明細を記入する補助簿のことをいう。検定試験などでは，この補助簿から推定し，仕訳を行うことを要求する問題が出題されることがある。

(2) 受取手形記入帳から取引を推定するときの注意点

(受取手形記入帳の記帳例)

受取手形記入帳

平成○年		手形種類	手形番号	摘要	金額	支払人	振出人または裏書人	振出日		満期日		支払場所	てん末		
								月	日	月	日		月	日	摘要
10	3	為手	21	売上	250,000	藤岡商店	高崎商店	10	3	11	3	赤城銀行	10	6	割引料￥2,000 手取金は 当座預金
10	15	約手	91	売掛金	190,000	前橋商店	前橋商店	10	15	11	15	妙義銀行	11	15	取立 当座預金

↑① (摘要)　② (支払人・振出人または裏書人)　↑①・③ (てん末 摘要)

受取手形の増加 → 受取手形の減少 →

(記入方法)

① 仕訳は片方が必ず，受取手形となる。そして相手勘定科目は摘要欄から判断する。

② 支払人欄と振出人欄または裏書人欄はよく注意すること。

約束手形の場合，支払人と振出人または裏書人欄の商店名が同じ場合と異なる場合がある。同じ場合とは支払人＝振出人であり，当店は約束手形の直接の受取人を意味する。一方，異なる場合とは，支払人≠裏書人であり約束手形が裏書譲渡されたことを意味する。

為替手形の場合は支払人欄と振出人または裏書人欄の商店名は必ず異なり，当店は為替手形の受取人の立場となる。

以上の場合はすべて受取手形の増加の仕訳になる。商店名の異同に惑わされないこと。

③ てん末欄は，入金，割引，裏書譲渡といった受取手形の減少の仕訳となる。

(3) 支払手形記入帳

支払手形記入帳とは手形債務の発生と消滅に関する明細を記入する補助簿のことをいう。検定試験などでは，この補助簿から推定し，仕訳を行うことを要求する問題が出題されることがある。

(4) 支払手形記入帳から取引を推定するときの注意点

(支払手形記入帳の記帳例)

支払手形記入帳

平成○年		手形種類	手形番号	摘要	受取人	振出人	振出日		満期日		支払場所	手形金額	てん末		
							月	日	月	日			月	日	摘要
11	5	約手	90	仕入	桐生商店	当店	11	5	12	5	利根銀行	250,000	12	5	支払
11	14	為手	41	買掛金	太田商店	伊勢崎商店	11	14	12	14	谷川銀行	190,000			
				↑①		↑②									↑①・③

支払手形の増加　→　支払手形の減少

(記入方法)

① 仕訳は片方が必ず，支払手形となる。そして相手勘定科目は摘要欄から判断する。

② 振出人欄に注意すること。

約束手形の場合，振出人は当店となる。

また為替手形の場合は，振出人欄は為替手形を振り出した商店名であり，当店は為替手形支払人の立場となる。

以上の例は，すべて支払手形の増加の仕訳となる。

③ てん末欄は支払手形の決済に関する取引，すなわち支払手形の減少の仕訳となる。

(5) 人名勘定を使った仕訳

人名勘定を使って仕訳を行う場合には，「売掛金」と仕訳をするところを，該当する得意先の商店名に入れ替えればよい。一方，「買掛金」の場合には，該当する仕入先の商店名を仕訳の際に使えばよい。

入れ替えの際に気をつけなければいけないのは，受取手形記入帳であれば「振出人または裏書人」の欄，支払手形記入帳であれば「振出人」の欄である。その箇所から当店がどの商店に対して，債権・債務を有しているのかを読み取るのことが重要である。

(仕訳例)

受取手形記入帳　10 月 15 日の取引の仕訳

通常の仕訳：

（借）受取手形　190,000　（貸）売 掛 金　190,000

得意先名に入れ替え

人名勘定を使用：

（借）受取手形　190,000　（貸）前橋商店　190,000

(仕訳例)

支払手形記入帳　11 月 5 日の取引の仕訳

通常の仕訳：

（借）仕　　入　250,000　（貸）買 掛 金　250,000

仕入先名に入れ替え

人名勘定を使用：

（借）仕　　入　250,000　（貸）桐生商店　250,000

練習問題

問題1　手形記入帳

次の帳簿の括弧内の名称と，この帳簿に記録してある諸取引の仕訳を行いなさい。ただし，売掛金と買掛金については人名勘定を用いること。

（　　　　　）手形記入帳

平成○年		手形種類	手形番号	摘要	金額	支払人	振出人または裏書人	振出日		満期日		支払場所	てん末		
								月	日	月	日		月	日	摘要
9	4	約手	30	売上	290,000	日光商店	日光商店	9	4	10	4	二荒銀行	10	4	取立 当座預金
	8	約手	28	売掛金	430,000	今市商店	今市商店	9	8	10	8	鬼怒川銀行	9	11	那須商店へ 買掛金支払の ため裏書譲渡
	16	為手	3	売掛金	120,000	大谷商店	鹿沼商店	9	16	10	16	二荒銀行			
	24	約手	52	売掛金	280,000	栃木商店	栃木商店	9	24	10	24	同上	10	5	割引￥600 手取金は 当座預金

取引日	借方科目	金額	貸方科目	金額
9月4日				
9月8日				
9月11日				
9月16日				
9月24日				
10月4日				
10月5日				

問題2　手形記入帳

次の括弧内に入る名称と，この帳簿に記録してある諸取引の仕訳を行いなさい。ただし，買掛金については人名勘定を用いること。

(　　　　　)手形記入帳

平成○年		手形種類	手形番号	摘要	受取人	振出人	振出日		満期日		支払場所	手形金額	てん末		
							月	日	月	日			月	日	摘要
10	1	約手	67	仕入	忍商店	当店	10	1	10	31	坂東銀行	320,000	10	31	支払い
	6	約手	45	買掛金	前玉商店	当店	10	6	11	6	同上	170,000			
	18	為手	2	買掛金	三木商店	箕田商店	10	18	11	18	同上	140,000			

取引日	借方科目	金額	貸方科目	金額
10月 1 日				
10月 6 日				
10月18日				
10月31日				

問題の解答・解説

問題１の解答

括弧内の名称（　　受　取　　）手形記入帳

取引日	借方科目	金額	貸方科目	金額
９月４日	受取手形	290,000	売上	290,000
９月８日	受取手形	430,000	今市商店	430,000
９月11日	那須商店	430,000	受取手形	430,000
９月16日	受取手形	120,000	鹿沼商店	120,000
９月24日	受取手形	280,000	栃木商店	280,000
10月４日	当座預金	290,000	受取手形	290,000
10月５日	当座預金 手形売却損	279,400 600	受取手形	280,000

問題１の解説

1．てん末欄に割引や裏書譲渡の記入があり，摘要欄に売上や売掛金の記入がされているので受取手形記入帳であることがわかる。

2．９月８日：今市商店に対する売掛金を手形で受け取ったので，貸方は売掛金にかえ，今市商店とする。

９月11日：手形を那須商店に裏書譲渡したことが，てん末欄から読み取れる。

９月16日：為替手形の処理。当店はこの手形の振出人である鹿沼商店に対する売掛金をこの手形により回収するつもりである。したがって，貸方は鹿沼商店となる。

10月４日：満期日における決済の仕訳を行う。

10月５日：手形を割り引いたことがてん末欄から読み取れる。

問題２の解答

括弧内の名称（　　支　払　　）

取引日	借方科目	金額	貸方科目	金額
10月１日	仕入	320,000	支払手形	320,000
10月６日	前玉商店	170,000	支払手形	170,000
10月18日	箕田商店	140,000	支払手形	140,000
10月31日	支払手形	320,000	当座預金	320,000

問題２の解説

1．当店が振出人となる約束手形があり，さらに摘要欄には，仕入，買掛金が記入されているので支払手形記入帳であることが判明する。

2．10月６日：前玉商店に対する買掛金に対して手形を振り出したので，借方は買掛金にかえて前玉商店となる。

10月18日：為替手形の処理。当店は箕田商店が振り出した為替手形について引き受けを行った。したがって，借方は箕田商店に対する当店の買掛金の減少になるので，人名勘定を用いた場合には箕田商店となる。

10月31日：手形の満期日における仕訳を行う。ここでの借方科目は，通常，手形代金の決済は銀行の当座預金口座を通じて行われるので当座預金の減少となる。

5 売掛金元帳・買掛金元帳

（1）売掛金元帳とは，買掛金元帳とは

総勘定元帳の売掛金勘定からだけでは得意先ごとの売掛金の増減を判断するのはむずかしい。そこで商店名を勘定科目とする人名勘定を設けて，得意先ごとの売掛金の増減や残高とその明細を示したものが売掛金元帳である。これと同様に，買掛金元帳は，仕入先ごとの買掛金の増減とその明細を記入するために作成される補助簿である。

（2）売掛金勘定と売掛金元帳，買掛金勘定と買掛金元帳の関係

売掛金勘定と売掛金元帳，買掛金勘定と買掛金元帳との関係は以下のとおりである。

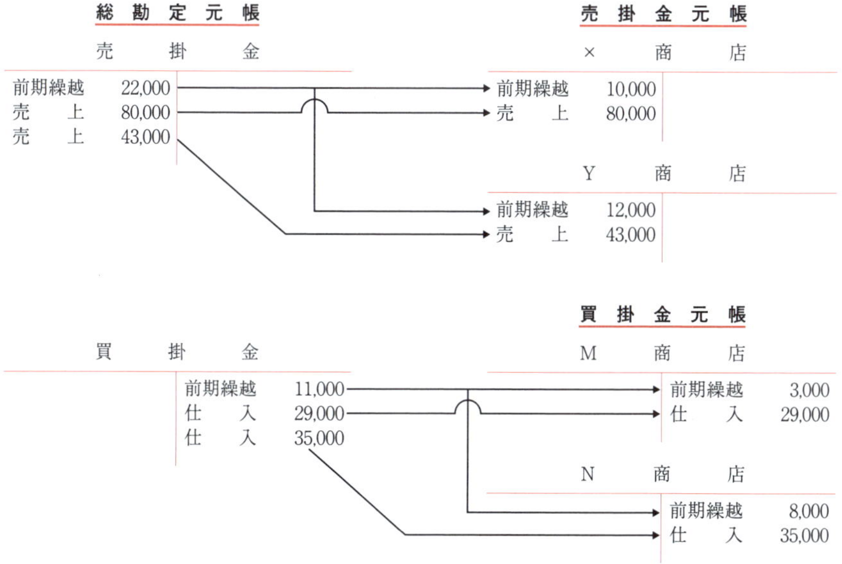

練習問題

問題1 売掛金元帳

次の取引を売掛金元帳（土呂商店）に記入し，6月末日付で締め切りなさい。

6月1日　売掛金の前月繰越高は￥610,000である。得意先別の内訳は以下のとおりである。

土呂商店　￥280,000　　　加須商店　￥330,000

6月7日　土呂商店へ商品￥400,000，加須商店へ商品￥230,000を売り上げ，代金は掛とした。

6月8日　前日，土呂商店に対して販売した商品の一部に破損が発見され￥30,000の値引きを行った。なお，値引きは同店に対する売掛金から差し引いた。

6月21日　土呂商店へ商品￥190,000を売り上げ，代金は掛とした。

6月27日　土呂商店に対する売掛金￥700,000および加須商店に対する売掛金￥500,000が当座預金口座に振り込まれた。

売掛金元帳

土呂商店

平成○年		摘要	借方	貸方	借／貸	残高
6	1	前月繰越				
7	1					

問題2　買掛金元帳

次の取引を買掛金元帳（本庄商店）に記入し，５月末日付で締め切りなさい。

５月１日　買掛金の前月繰越高は￥520,000である。得意先別の内訳は以下のとおりである。

本庄商店　￥310,000　　　児玉商店　￥210,000

５月６日　本庄商店および児玉商店から商品をそれぞれ￥390,000ずつ仕入れ，代金は掛とした。

５月９日　本庄商店より商品￥230,000を仕入れ，代金は掛とした。

５月18日　６日に本庄商店より仕入れた商品のうち￥50,000は不良品であったので返品した。
なお代金は同店に対する買掛金から控除することとした。

５月24日　本庄商店に対する買掛金￥600,000および児玉商店に対する買掛金￥500,000を小切手を振り出して支払った。

買掛金元帳

本庄商店

平成○年		摘要	借方	貸方	借/貸	残高
5	1	前月繰越				
6	1					

問題の解答・解説

問題１の解答

売掛金元帳

売掛金元帳
土呂商店

平成○年		摘要	借方	貸方	借/貸	残高
6	1	前月繰越	280,000		借	280,000
	7	売上	400,000		〃	680,000
	8	売上値引		30,000	〃	650,000
	21	売上	190,000		〃	840,000
	27	当座振込		700,000	〃	140,000
	30	次月繰越		140,000		
			870,000	870,000		
7	1	前月繰越	140,000		借	140,000

問題１の解説

以下，土呂商店の取引について説明する。

6月1日　前月繰越の金額は借方および残高欄に記入する。

7日　（借）売掛金　400,000　（貸）売　上　400,000

8日　（借）売　上　30,000　（貸）売掛金　30,000

21日　（借）売掛金　190,000　（貸）売　上　190,000

27日　（借）当座預金　700,000　（貸）売掛金　700,000

30日　締め切り方は現金出納帳，当座預金出納帳と同じ。

問題2の解答

買掛金元帳

買掛金元帳
本庄商店

平成○年		摘要	借方	貸方	借/貸	残高
5	1	前月繰越		310,000	貸	310,000
	6	仕入		390,000	〃	700,000
	9	仕入		230,000	〃	930,000
	18	返品	50,000		〃	880,000
	24	支払	600,000		〃	280,000
	31	次月繰越	280,000			
			930,000	930,000		
6	1	前月繰越		280,000	貸	280,000

問題2の解説

以下，本庄商店の取引について説明する。

5月1日　前月繰越の金額は貸方および残高欄に記入する。

6日　（借）仕　入　390,000　（貸）買 掛 金　390,000

9日　（借）仕　入　230,000　（貸）買 掛 金　230,000

18日　（借）買掛金　50,000　（貸）仕　入　50,000

24日　（借）買掛金　600,000　（貸）当座預金　600,000

31日　締め切り方は売掛金元帳と同じ。

6 商品有高帳

（1）商品有高帳とは

商品有高帳とは商品の種類ごとにその増減および残高の明細を記入する補助簿のことをいう。

記入の際には次のことに気をつける。

① 商品有高帳は特定商品の受け入れ・払い出しを記帳する。
② 商品有高帳は原価のみを記入する。
③ 商品有高帳は売り上げ値引きは記入しない。

（2）記入方法

商品有高帳の基本的な記入方法は以下のとおりである。

① 商品を仕入れたときは受入欄に記入。
② 商品を販売したときは払出欄に原価で記入。
③ 在庫品有高を受け入れ・払い出しのつど残高欄に記入。
④ 仕入戻し高・仕入値引高は払出欄に記入。
⑤ 売上戻り高は受入欄に原価で記入。
⑥ 締め切り方は受入欄と払出欄のそれぞれの数量合計および金額合計を一致させる。

（3）払出単価の決定方法

受入単価の違う商品の払出単価をどのように扱うかについては，さまざまな方法があるが，日商簿記３級の範囲では「先入先出法」と「移動平均法」の２つが取り上げられている。

① 先入先出法

先に仕入れたものから順に販売したことを想定して払出単価を決定する方法。

1．同一の商品で単価の違うものを仕入れた場合には残高欄を複数行に分ける。
2．商品を販売したときには先に仕入れたものから順に払出欄に記入する。この場合も単価の違うものは複数行に分けて書く。

商品有高帳
品名：紳士用鞄

先入先出法

平成○年		摘要	受入高			払出高			残高		
			数量	単価	金額	数量	単価	金額	数量	単価	金額
1	4	前月繰越	120	2,500	300,000				120	2,500	300,000
	10	仕　入	100	2,500	250,000				220	2,500	550,000
	11	売　上				150	2,500	375,000	70	2,500	175,000
	14	仕　入	180	3,000	540,000				{ 70	2,500	175,000
									{ 180	3,000	540,000
	20	売　上				{ 70	2,500	175,000			
						{ 80	3,000	240,000	100	3,000	300,000

② 移動平均法

受入単価の異なる商品を仕入れるつど，次の計算式によって平均単価をもとめ，これを払出単価とする方法。そのため，受け入れ１回につき１行のみの記入となる。

$$平均単価 = \frac{残高金額 + 受入金額}{残高数量 + 受入数量}$$

商品有高帳
品名：紳士用鞄

移動平均法

平成○年		摘要	受入高			払出高			残高		
			数量	単価	金額	数量	単価	金額	数量	単価	金額
1	4	前月繰越	120	2,500	300,000				120	2,500	300,000
	10	仕　入	100	2,500	250,000				220	2,500	550,000
	11	売　上				150	2,500	375,000	70	2,500	175,000
	14	仕　入	180	3,000	540,000				250	2,860	715,000
	20	売　上				150	2,860	429,000	100	2,860	286,000

（4）売上原価および売上総利益の算出

商品有高帳

品名：業務用靴

移動平均法

平成○年		摘要	受入高			払出高			残　高		
			数量	単価	金額	数量	単価	金額	数量	単価	金額
2	1	前月繰越	100	3,200	320,000				100	3,200	320,000
	8	仕　　入	100	3,500	350,000				200	3,350	670,000
	12	売　　上				100	3,350	335,000	100	3,350	335,000
	22	売　　上				90	3,350	301,500	10	3,350	33,500

①　②　③　④

売上原価の計算

1	月初商品棚卸高	320,000
2	当月仕入高	350,000
	計	670,000
3	月末商品棚卸高	33,500
	売上原価	636,500

売上総利益の計算

1	売上高	⑤　950,000
2	売上原価	636,500
3	売上総利益	⑥　313,500

① 月初商品棚卸高… 2月1日時点の前月繰越金額

② 当月商品仕入高… 2月中の受入合計金額

③ 月末商品棚卸高…残高欄の最終残高金額

④ 売上原価………… 2月中の払出合計金額

⑤ 売上高……………売価@￥5,000で計算

⑥ 売上総利益………⑤－④＝⑥

練習問題

問題１　商品有高帳

次の資料にもとづいて（１）先入先出法と（２）移動平均法により商品有高帳へ記入を行いなさい。

10月３日　仕入　40本　@￥2,000
　　12日　売上　30本　@￥5,000
　　20日　仕入　50本　@￥2,600
　　25日　売上　60本　@￥5,000

商品有高帳
種別：万年筆

（１）先入先出法

平成○年		摘要	受入高			払出高			残　高		
			数量	単価	金額	数量	単価	金額	数量	単価	金額
10	1	前月繰越	20	2,000	40,000				20	2,000	40,000

商品有高帳
種別：万年筆

（２）移動平均法

平成○年		摘要	受入高			払出高			残　高		
			数量	単価	金額	数量	単価	金額	数量	単価	金額
10	1	前月繰越	20	2,000	40,000				20	2,000	40,000

問題2 先入先出法

次の取引のうち色鉛筆のみを先入先出法により商品有高帳に記入し，9月中の売上高，売上原価および売上総利益を計算しなさい。

9月1日	前月繰越：	色鉛筆	30ダース	@￥700		¥21,000
		鉛　筆	100ダース	@￥400		¥40,000
5日	売　　上：	色鉛筆	20ダース	@￥1,200	（売価）	¥24,000
11日	仕　　入：	色鉛筆	70ダース	@￥800		¥56,000
		鉛　筆	50ダース	@￥430		¥21,500
15日	売　　上：	色鉛筆	50ダース	@￥1,200	（売価）	¥60,000
		鉛　筆	50ダース	@￥720	（売価）	¥36,000
22日	仕　　入：	色鉛筆	60ダース	@￥650		¥39,000
30日	売　　上：	色鉛筆	40ダース	@￥1,200	（売価）	¥48,000
		鉛　筆	30ダース	@￥720		¥21,600

商品有高帳

種別：色鉛筆

（先入先出法）

平成○年		摘要	受入高			払出高			残　高		
			数量	単価	金額	数量	単価	金額	数量	単価	金額

売上総利益の計算

売　上　高	（　　　）
売　上　原　価	（　　　）
売　上　総　利　益	（　　　）

問題3　移動平均法

以下の仕入帳と売上帳にもとづいて移動平均法により商品有高帳に記入しなさい。また，売上原価と売上総利益を計算するために下記の括弧内に適当な金額を記入しなさい。なお，商品有高帳を締め切る必要はない。

仕　入　帳

平成○年		摘　要	金　額
4	7	長浜商店 懐中電灯 25 台 @ ¥2,200	55,000
	17	彦根商店 懐中電灯 40 台 @ ¥2,400	96,000

売　上　帳

平成○年		摘　要	金　額
4	11	日野商店 懐中電灯 30 台 @ ¥3,500	105,000
	24	八幡商店 懐中電灯 40 台 @ ¥3,500	140,000

商品有高帳
懐中電灯

（移動平均法）

平成○年		摘要	受入高			払出高			残高		
			数量	単価	金額	数量	単価	金額	数量	単価	金額
4	1	前月繰越	15	2,000	30,000				15	2,000	30,000

売上原価の計算

月初商品棚卸高	（　　　　）
当月仕入高	（　　　　）
計	（　　　　）
月末商品棚卸高	（　　　　）
売上原価	（　　　　）

売上総利益の計算

売上高	（　　　　）
売上原価	（　　　　）
売上総利益	（　　　　）

問題の解答・解説

問題１の解答

商品有高帳

商品有高帳

種別：万年筆

（1）先入先出法

平成○年		摘要	受入高			払出高			残　高		
			数量	単価	金額	数量	単価	金額	数量	単価	金額
10	1	前月繰越	20	2,000	40,000				20	2,000	40,000
	3	仕　入	40	2,000	80,000				60	2,000	120,000
	12	売　上				30	2,000	60,000	30	2,000	60,000
	20	仕　入	50	2,600	130,000				{ 30	2,000	60,000
									50	2,600	130,000
	25	売　上				{ 30	2,000	60,000			
						30	2,600	78,000	20	2,600	52,000

商品有高帳

種別：万年筆

（2）移動平均法

平成○年		摘要	受入高			払出高			残　高		
			数量	単価	金額	数量	単価	金額	数量	単価	金額
10	1	前月繰越	20	2,000	40,000				20	2,000	40,000
	3	仕　入	40	2,000	80,000				60	2,000	120,000
	12	売　上				30	2,000	60,000	30	2,000	60,000
	20	仕　入	50	2,600	130,000				80	2,375	190,000
	25	売　上				60	2,375	142,500	20	2,375	47,500

問題１の解説

① 10 月 1 日の仕入単価は繰越残高と同じなので，残高欄は数量・金額を合計して記入する。

② 10 月 20 日における平均単価（移動平均法による）。

$$\frac{¥60{,}000 \quad + \quad ¥130{,}000}{30\text{本} \quad + \quad 50\text{本}} = @¥2{,}375$$

③ 問題文中の売り上げに関する単価は売価なので商品有高帳には記載しない。

問題２の解答

先入先出法

商品有高帳
種別：色鉛筆

（先入先出法）

平成○年		摘要	受入高			払出高			残高		
			数量	単価	金額	数量	単価	金額	数量	単価	金額
9	1	前月繰越	30	700	21,000				30	700	21,000
	5	売　上				20	700	14,000	10	700	7,000
	11	仕　入	70	800	56,000				{ 10	700	7,000
									70	800	56,000
	15	売　上				{ 10	700	7,000			
						40	800	32,000	30	800	24,000
	22	仕　入	60	650	39,000				{ 30	800	24,000
									60	650	39,000
	30	売　上				{ 30	800	24,000			
						10	650	6,500	50	650	32,500

売上総利益の計算

売　上　高	（132,000）
売上原価	（83,500）
売上総利益	（48,500）

問題２の解説

商品有高帳は，原価のみを記入する。問題の資料の売価を払出欄に記入しないこと。また，色鉛筆以外の資料は，解答上必要はない。

なお，売上総利益の計算は以下のとおりである。

売　上　高：￥24,000（9/5）＋￥60,000（9/15）＋￥48,000（9/30）＝￥132,000
売上原価：￥14,000（9/5）＋￥7,000（9/15）＋￥32,000（9/15）
　　＋￥24,000（9/30）＋￥6,500（9/30）＝￥83,500
売上総利益：￥132,000（売上高）－￥83,500（売上原価）＝￥48,500

問題3の解答

移動平均法

商品有高帳

懐中電灯

(移動平均法)

平成○年		摘要	受入高			払出高			残高		
			数量	単価	金額	数量	単価	金額	数量	単価	金額
4	1	前月繰越	15	2,000	30,000				15	2,000	30,000
	7	仕　入	25	2,200	55,000				40	2,125	85,000
	11	売　上				30	2,125	63,750	10	2,125	21,250
	17	仕　入	40	2,400	96,000				50	2,345	117,250
	24	売　上				40	2,345	93,800	10	2,345	23,450

売上原価の計算

月初商品棚卸高	(30,000)
当月仕入高	(151,000)
計	(181,000)
月末商品棚卸高	(23,450)
売上原価	(157,550)

売上総利益の計算

売上高	(245,000)
売上原価	(157,550)
売上総利益	(87,450)

問題3の解説

① 売上帳は，売価で記入が行われている。そのため商品有高帳で使用するのは，売上数量のみとなる。

② 平均単価の計算は，以下のとおりである。

$$4月7日 \quad \frac{¥30,000 + ¥55,000}{15個 + 25個} = @¥2,125$$

$$4月17日 \quad \frac{¥21,250 + ¥96,000}{10個 + 40個} = @¥2,345$$

③ 月初商品棚卸高：4月1日時点での前月繰越の金額¥30,000

当月商品仕入高：¥55,000（4/7）+ ¥96,000（4/17）= ¥151,000

月末商品棚卸高：残高欄の最終残高の金額¥23,450

売　上　原　価：¥63,750（4/11）+ ¥93,800（4/24）= ¥157,550

売　　上　　高：¥105,000（4/11）+ ¥140,000（4/24）= ¥245,000

売 上 総 利 益：¥245,000（売上高）− ¥157,550（売上原価）= ¥87,450

第３章　試　算　表
貸借対照表
損益計算書

第３問の出題傾向と対策

第３問では，試算表作成問題が過去多く出題されている。また，損益計算書・貸借対照表の作成問題も過去には出題されているが，近年では試算表の作成問題が主流になっている。試算表は，合計試算表，残高試算表，合計残高試算表と３種類出題されている。特に合計試算表，残高試算表のどちらを作成するのか問題文，解答欄に気をつける必要がある。第３問は５問中，最も配点が高く，時間がかかるので，ある程度のスピードが必要とされる。特に下書き用紙（試験場で配布）の使い方を普段から工夫することが肝心である。

1 試算表

(1) 試算表の役割

試算表とは，仕訳帳から総勘定元帳への転記が正しく行われたかどうかを確かめるために作成される表のことをいう。

仕訳借方金額と貸方金額は，常に等しく必ず一致する（貸借平均の法則）。

通常，この表は決算期に作成されるのが一般的であるが，必要に応じて毎月末や週末に作成されることもある。

貸借が一致しない場合は，その原因を明らかにして貸借を一致させなければならない。不一致の原因としては　①試算表の単なる合計ミス，②総勘定元帳から試算表への転記ミス，③仕訳帳から総勘定元帳への転記ミスなどが考えられる。

(2) 試算表の種類

試算表には合計試算表，残高試算表，合計残高試算表の３種類がある。

① 合計試算表………総勘定元帳の各勘定の借方・貸方の合計額をもとに作成する。これは取引の総額を知るのに便利である。

② 残高試算表………総勘定元帳の残高をもとに作成する。これは各勘定の残高を知るのに便利である。

③ 合計残高試算表…合計試算表と残高試算表を合わせた試算表である。

(3) 試算表の作成例

現　　金

5／1	繰　越	72,000	5／2	仕　入	70,000
3	受取利息	10,000	6	宣伝費	5,000
5	雑収入	10,000	7	交通費	4,200

72,000＋10,000＋7,000＝89,000　①

70,000＋5,000＋4,200＝79,200　②

89,000－79,200＝9,800　③

借方		元丁	勘定科目	貸方	
残高	合計			合計	残高
③ 9,800	① 89,000	1	現金	② 79,200	
各勘定の貸借差額（資産と費用は借方記入）を記入	各勘定の借方合計額を記入		（各勘定の配列） 資産系統 負債系統 純資産系統 収益系統 費用系統	各勘定の貸方合計額を記入	各勘定の貸借差額（負債と資本及び収益は貸方に記入）を記入
×××	×××			×××	×××

貸借の合計は一致する。この金額は仕訳帳の貸借合計額とも一致する。

貸借の合計は必ず一致する。

（4）　二重仕訳

仕訳帳への記入は通常は日付順に行うので二重仕訳の問題は生じにくいが，試験問題などでは現金や売掛金などの勘定科目ごとに仕訳問題が集約されている場合がある。そこに二重仕訳の落とし穴があるので注意が必要。

≪仕訳例≫

① 商品の仕入れ

商品￥80,000 を仕入れ，代金は小切手で支払った。

② 小切手の振り出し

小切手により￥80,000 の商品を仕入れた。

① の仕訳　　仕入　80,000　　当座預金　80,000

② の仕訳　　仕入　80,000　　当座預金　80,000

仕訳はどちらも上記のようになり，１つの取引を二重に仕訳したことになり，集計金額が倍になるので②の仕訳は不要になる。

助言

簿記記入に必要な主な記号と略語

a/c（accountant　勘定）	@（at.mark　単価）	Dr.（Debtor　借方）
#（number　ナンバー）	〃（ditto　同上）	Cr.（Creditor　貸方）
￥（yen　円）	仕丁（仕訳帳の帳数）	
$（dollar　ドル）	元丁（元帳の丁数）	

練習問題

問題1　試算表

次の総勘定元帳から（1）合計試算表，（2）残高試算表，（3）合計残高試算表を作成しなさい。

現　金	1
100,000	70,000
230,000	110,000
	80,000

売　掛　金	2
280,000	230,000

商　品	3
400,000	250,000
230,000	

備　品	4
110,000	

買　掛　金	5
	400,000
	230,000

資　本　金	6
	100,000

商品販売益	7
	30,000

給　料	8
70,000	

広　告　費	9
80,000	

（1）　合計試算表

合　計	元丁	勘定科目	合　計
	1	現　　金	
	2	売　掛　金	
	3	商　　品	
	4	備　　品	
	5	買　掛　金	
	6	資　本　金	
	7	商品販売益	
	8	給　　料	
	9	広　告　費	

（2）　残高試算表

残　　高	元丁	勘定科目	残　　高
	1	現　　　金	
	2	売　掛　金	
	3	商　　　品	
	4	備　　　品	
	5	買　掛　金	
	6	資　本　金	
	7	商品販売益	
	8	給　　　料	
	9	広　告　費	

（3）　合計残高試算表

残　　高	合　　計	元丁	勘定科目	合　　計	残　　高
		1	現　　　金		
		2	売　掛　金		
		3	商　　　品		
		4	備　　　品		
		5	買　掛　金		
		6	資　本　金		
		7	商品販売益		
		8	給　　　料		
		9	広　告　費		

問題2 合計残高試算表

次の合計残高試算表を完成しなさい。期中に純資産の引き出しはなかったものとする。

合計残高試算表

残　高	合　計	元丁	勘定科目	合　計	残　高
175,000	(　　)	1	現　金	260,000	
(　　)	(　　)	2	当座預金	230,000	
330,000	(　　)	3	売掛金	250,000	
143,000	(　　)	4	繰越商品		
70,000	(　　)	5	備　品		
	130,000	6	買掛金	(　　)	(　　)
	(　　)	7	借入金	(　　)	200,000
		8	資本金	(　　)	500,000
		9	売　上	847,000	(　　)
		10	受取家賃	180,000	(　　)
487,000	(　　)	11	仕　入		
300,000	(　　)	12	給　料		
180,000	(　　)	13	営業費		
13,000	(　　)	14	支払利息		
(　　)	2,997,000			(　　)	18,970,000

問題3 合計残高試算表

次の取引を（1）仕訳をし，（2）元帳口座に金額だけを転記し，（3）合計残高試算表を完成させなさい。

1）当座預金への預け入れ

① 手持ち現金￥30,000の預け入れ

② 売掛金の回収として現金￥58,000を受け取ったが，直ちに当座預金に預け入れた。

③ 手形代金取り立て￥50,000回収。

2）小切手の振り出し

④ 支払手形代金決済済みのため￥57,000が引き落とされた。

⑤ 買掛代金￥63,000が当座預金から引き落とされた。

⑥ 小切手の振り出しによる仕入れで￥500,000分を買い入れる。

3）普通預金の預け入れ

⑦ 貸付金￥45,000とその利息￥2,800が普通預金口座に振り込まれた。

4）普通預金の引き出し

⑧ 光熱費の支払い￥4,600。

⑨ 通信費の支払い￥2,100。

⑩ 借入金返済のため￥50,300（うち￥300は利息）を支払う。

5）商品の仕入れ

⑪ 小切手￥500,000で商品を仕入れた。

⑫ 商品￥60,000を掛で仕入れたが，￥4,000分はキズのため返品。

⑬ 手形振り出しによる仕入代金が￥67,000ある。

6）商品の売り上げ

⑭ 得意先振り出しの小切手受け取りによる売り上げが￥373,000ある。

⑮ 掛売上高が￥90,000あるが，そのうち￥6,000の値引きを受けた。

⑯ 為替手形受け取りによる売上代金￥80,000がある。

7）現金の受け取り

⑰ 手数料￥8,000を現金で受け取る。

⑱ 売上代金￥373,000を得意先振り出しの小切手にて受け取る。

⑲ 空箱などの不用品の売却代金￥1,800を受け取った。

8）現金の支払い

⑳ 給料の支払い￥200,000。

㉑ 交通費の支払い￥13,200。

㉒ 当座預金への預け入れ￥30,000。

(1) 仕　訳

1）①

②

③

2）④

⑤

⑥

3）⑦

4）⑧

⑨

⑩

5）⑪

⑫

⑬

6）⑭

⑮

⑯

7）⑰

⑱

⑲

8）⑳

㉑

㉒

(2) 転　記

現　金　1

499,700	469,650

当座預金　2

847,900	306,600

普通預金　3

105,000	

受取手形　4

150,000	137,700

売掛金　5

307,650	272,200

繰越商品　6

82,850	

貸付金　7

78,000	

備品　8

115,000	

支払手形　9

	475,000

買掛金　10

193,950	413,750

借入金　11

48,750	170,000

資本金　12

	500,000

売　　上　13

	441,500

受取手数料　14

	77,150

受取利息　15

雑　収　入　16

仕　　入　17

309,900	

給　　料　18

300,000	

交　通　費　19

135,000	

広　告　費　20

82,700	

水道光熱費　21

通　信　費　22

雑　　費　23

2,700	

支払利息　24

4,450	

(3) 試 算 表

合計残高試算表

借方 残高	借方 合計	元丁	勘定科目	貸方 合計	貸方 残高
		1	現　　　金		
		2	当 座 預 金		
		3	普 通 預 金		
		4	受 取 手 形		
		5	売　掛　金		
		6	繰 越 商 品		
		7	貸　付　金		
		8	備　　　品		
		9	支 払 手 形		
		10	買　掛　金		
		11	借　入　金		
		12	資　本　金		
		13	売　　　上		
		14	受取手数料		
		15	受 取 利 息		
		16	雑　収　入		
		17	仕　　　入		
		18	給　　　料		
		19	交　通　費		
		20	広　告　費		
		21	水道光熱費		
		22	通　信　費		
		23	雑　　　費		
		24	支 払 利 息		

問題4 残高試算表

次の勘定記録から，残高試算表を作成しなさい。

現　金　1

500,000	130,000
300,000	300,000
2,000	230,000
110,000	27,600

当座預金　2

240,000	133,000
100,000	130,000
2,000	43,000
100,000	230,000
200,000	

受取手形　3

360,000	100,000

売掛金　4

170,000	110,000

繰越商品　5

134,000	

貸付金　6

130,000	100,000

建　物　7

600,000	

備　品　8

133,000	

支払手形　9

230,000	330,000
	150,000
	300,000

買掛金　10

43,000	60,000

借入金　11

130,000	240,000

資本金　12

	500,000

売上金　13

	300,000
	730,000

受取手数料　14

	2,000

雑収入　15

	2,000

仕　入　16

196,000	
150,000	
60,000	

給　料　17

230,000	

交通費　18

5,600	

広告費　19

18,000	

雑　費　20

3,000	

支払利息　21

1,000	

残高試算表

借　方	元丁	勘定科目	貸　方
	1	現　金	
	2	当座預金	
	3	受取手形	
	4	売掛金	
	5	繰越商品	
	6	貸付金	
	7	建　物	
	8	備　品	
	9	支払手形	
	10	買掛金	
	11	借入金	
	12	資本金	
	13	売　上	
	14	受取手数料	
	15	雑収入	
	16	仕　入	
	17	給　料	
	18	交通費	
	19	広告費	
	20	雑　費	
	21	支払利息	

問題の解答・解説

問題1の解答

（1） 合計試算表

合　計	元丁	勘定科目	合　計
330,000	1	現　金	260,000
280,000	2	売掛金	230,000
630,000	3	商　品	250,000
110,000	4	備　品	
	5	買掛金	630,000
	6	資本金	100,000
	7	商品販売益	30,000
70,000	8	給　料	
80,000	9	広告費	
1,500,000			1,500,000

（2） 残高試算表

残　高	元丁	勘定科目	残　高
70,000	1	現　金	
50,000	2	売掛金	
380,000	3	商　品	
110,000	4	備　品	
	5	買掛金	630,000
	6	資本金	100,000
	7	商品販売益	30,000
70,000	8	給　料	
80,000	9	広告費	
760,000			760,000

（3） 合計残高試算表

残　高	合　計	元丁	勘定科目	合　計	残　高
70,000	330,000	1	現　金	260,000	
50,000	280,000	2	売掛金	230,000	
380,000	630,000	3	商　品	250,000	
110,000	110,000	4	備　品		
		5	買掛金	630,000	630,000
		6	資本金	100,000	100,000
		7	商品販売益	30,000	30,000
70,000	70,000	8	給　料		
80,000	80,000	9	広告費		
760,000	1,500,000			1,500,000	760,000

◎　作成上の注意点

① 合計試算表

総勘定元帳の各勘定の借方・貸方合計を計算し，元帳の各勘定の借方合計額を試算表の借方に，貸方合計額を試算表の貸方へ記入する。

② 残高試算表

総勘定元帳の各勘定の残高を計算し，元帳の各勘定の借方残は試算表の借方に，貸方残は試算表の貸方に記入する。

③ 合計残高試算表

合計試算表と残高試算表を合わせたもので，作成方法は①②に同じである。

問題2の解答

合計残高試算表

残　高	合　計	元丁	勘定科目	合　計	残　高
175,000	435,000	1	現　　金	260,000	
199,000	429,000	2	当座預金	230,000	
330,000	580,000	3	売 掛 金	250,000	
143,000	143,000	4	繰越商品		
70,000	70,000	5	備　　品		
	130,000	6	買 掛 金	300,000	170,000
	230,000	7	借 入 金	430,000	200,000
		8	資 本 金	500,000	500,000
		9	売　　上	847,000	847,000
		10	受取家賃	180,000	180,000
487,000	487,000	11	仕　　入		
300,000	300,000	12	給　　料		
180,000	180,000	13	営 業 費		
13,000	13,000	14	支払利息		
1,897,000	2,997,000			2,997,000	1,897,000

問題3の解答

(1) 仕　訳

		借方科目	金額	貸方科目	金額
1)	①	当座預金	30,000	現　　金	30,000
	②	当座預金	58,000	売 掛 金	58,000
	③	当座預金	50,000	受取手形	50,000
2)	④	支払手形	57,000	当座預金	57,000
	⑤	買 掛 金	63,000	当座預金	63,000
	⑥	仕　　入	500,000	当座預金	500,000
3)	⑦	普通預金	47,800	貸 付 金	45,000
				受取利息	2,800

4）	⑧	水道光熱費	4,600	普通預金	4,600
	⑨	通信費	2,100	普通預金	2,100
	⑩	借入金	50,000	普通預金	50,300
		支払利息	300		
5）	⑪	2）⑥で仕訳済み，仕訳は不要			
	⑫	仕入	60,000	買掛金	60,000
		買掛金	4,000	仕入	4,000
	⑬	仕入	67,000	支払手形	67,000
6）	⑭	現金	373,000	売上	373,000
	⑮	売掛金	90,000	売上	90,000
		売上	6,000	売掛金	6,000
	⑯	受取手形	80,000	売上	80,000
7）	⑰	現金	8,000	受取手数料	8,000
	⑱	6）⑭で仕訳済み，仕訳は不要			
	⑲	現金	1,800	雑収入	1,800
8）	⑳	給料	200,000	現金	200,000
	㉑	交通費	13,200	現金	13,200
	㉒	1）①で仕訳済み，仕訳は不要			

(2) 転　記

現　金　1

	499,700		469,650
⑭	373,000	①	30,000
⑰	8,000	⑳	200,000
⑲	1,800	㉑	13,200
	882,500		712,850

当座預金　2

	847,900		306,600
①	30,000	④	57,000
②	58,000	⑤	63,000
③	50,000	⑥	500,000
	985,900		926,600

普通預金　3

	105,000	⑧	4,600
⑦	47,800	⑨	2,100
		⑩	50,300
	152,800		57,000

受取手形　4

	150,000		137,700
⑯	80,000	③	50,000
	230,000		187,700

売掛金　5

	307,650		272,200
⑮	90,000	②	58,000
		⑮	6,000
	397,650		336,200

繰越商品　6

	82,850		

貸付金　7

	78,000	⑦	45,000

備品　8

	115,000		

支払手形　9

④	57,000		475,000
		⑬	67,000
	57,000		542,000

買掛金　10

	193,950		413,750
⑤	63,000	⑫	60,000
⑫	4,000		
	260,950		473,750

借入金　11

	48,750		170,000
⑩	50,000		
	98,750		170,000

資本金　12

			500,000

売上　13

⑮	6,000		441,500
		⑭	373,000
		⑮	90,000
		⑯	80,000
	6,000		984,500

受取手数料　14

			77,150
		⑰	8,000
			85,150

受取利息　15

		⑦	2,800

雑収入　16

		⑲	1,800

仕入　17

	309,900	⑫	4,000
⑥	500,000		
⑫	60,000		
⑬	67,000		
	936,900		4,000

給料　18

	300,000		
⑳	200,000		
	500,000		

交通費　19

	135,000		
㉑	13,200		
	148,200		

広告費　20

	82,700		

水道光熱費　21

⑧	4,600		

通信費　22

⑨	2,100		

雑費　23

	2,700		

支払利息　24

	4,450		
⑩	300		
	4,750		

（3） 試 算 表

合計残高試算表

借方		元丁	勘定科目	貸方	
残高	合計			合計	残高
169,650	882,500	1	現金	712,850	
59,300	985,900	2	当座預金	926,600	
95,800	152,800	3	普通預金	57,000	
42,300	230,000	4	受取手形	187,700	
61,450	397,650	5	売掛金	336,200	
82,850	82,850	6	繰越商品		
33,000	78,000	7	貸付金	45,000	
115,000	115,000	8	備品		
	57,000	9	支払手形	542,000	485,000
	260,950	10	買掛金	473,750	212,800
	98,750	11	借入金	170,000	71,250
		12	資本金	500,000	500,000
	6,000	13	売上	984,500	978,500
		14	受取手数料	85,150	85,150
		15	受取利息	2,800	2,800
		16	雑収入	1,800	1,800
932,900	936,900	17	仕入	4,000	
500,000	500,000	18	給料		
148,200	148,200	19	交通費		
82,700	82,700	20	広告費		
4,600	4,600	21	水道光熱費		
2,100	2,100	22	通信費		
2,700	2,700	23	雑費		
4,750	4,750	24	支払利息		
2,337,300	5,029,350			5,029,350	2,337,300

問題3の解説

先に各勘定の借方合計と貸方合計を合計残高試算表の合計欄に記入する。次に各勘定の借方合計と貸方合計の差額を残高欄に記入する。資産・費用は借方に残高を記入，負債，資本，収益は貸方に残高を記入する。

助言 残高は各勘定の借方合計と貸方合計を比べ，大きい金額の方に記入する。

問題４の解答

残高試算表

借　方	元丁	勘定科目	貸　方
224,400	1	現　　金	
106,000	2	当座預金	
260,000	3	受取手形	
60,000	4	売 掛 金	
134,000	5	繰越商品	
30,000	6	貸 付 金	
600,000	7	建　　物	
133,000	8	備　　品	
	9	支払手形	550,000
	10	買 掛 金	17,000
	11	借 入 金	110,000
	12	資 本 金	500,000
	13	売　　上	1,030,000
	14	受取手数料	2,000
	15	雑 収 入	2,000
406,000	16	仕　　入	
230,000	17	給　　料	
5,600	18	交 通 費	
18,000	19	広 告 費	
3,000	20	雑　　費	
1,000	21	支払利息	
2,211,000			2,211,000

問題４の解説

残高試算表へ各勘定の残高のみを記入する。

2 貸借対照表・損益計算書

試算表の貸借が一致すれば総勘定元帳への転記は正しく行われたものと考えられる。

しかし，合計試算表だけでは貸借一致だけはわかるがそれ以上のことは判らない。しかしそこから波及されて生じる残高試算表についてはもっと大切な役割があるのである。それは損益を計算するのに重要な表であるということである。

残高試算表をよく見ると，貸借対照表（資産・負債・純資産）項目と損益計算書（収益・費用）項目の２つから構成されているのがわかる。

残高試算表

残　高	勘定科目	残　高
40,000	現　金	
260,000	当座預金	
600,000	売掛金	
25,000	繰越商品	
120,000	備　品	
	買掛金	325,000
	借入金	70,000
	資本金	600,000
	売　上	900,000
550,000	仕　入	
120,000	給　料	
180,000	支払家賃	
1,895,000		1,895,000

貸借対照表

資　産 1,045,000	負　債 395,000	
	資本金 600,000	純資産
	当期純利益 50,000	

損益計算書

費　用 850,000	収　益 900,000
当期純利益 50,000	

（1） 貸借対照表

企業経営の目的は，利益を追求することにある。そのため簿記では期首における純資産と期末における純資産との比較によって純利益を算定し，貸借対照表を作成して，期末の財政状態を表示する。この純資産の比較は，期首の出資者の持分が期末にどれだけ増減したかを見るもので，増加したした分が純利益であり，減少した分が純損失である。このような利益の計算方法を期首・期末の純財産の比較であるから財産法という。

財産法の算式＝期末純資産－期首純資産＝当期純利益

また，財産法の計算は貸借対照表で表現され，企業の利害関係者に公表される。貸借対照表は，企業の一定時点における財政状態を表したものである。

貸借対照表等式＝資産＝負債＋資本

貸借対照表

○○商会　　　平成○年 12 月 31 日　（単位：円）

現　　金	1,000,000	買 掛 金	600,000
売 掛 金	600,000	資 本 金	1,500,000
建　　物	700,000	当期純利益	200,000
	2,300,000		2,300,000

※貸借対照表には，作成時の企業名・年月日・単位が記入され，資産は借方（左側）・負債と資本は貸方（右側）に記載され，常に貸借は一致する。

貸方の買掛金￥600,000 は負債であるから，他人から資金の提供を受け，資本金は自己が出資したものと考え，負債を他人資本，資本を自己資本とも呼ぶこともある。

資産は資金がどのような形で運用されたかを表す「資金の運用形態」を示す。上の○○商会の場合，企業の資金￥2,300,000 が現金として￥1,000,000，売掛金として￥600,000，建物として￥700,000 という形で運用されているわけである。このように貸借対照表の借方は「資金の運用形態」を表し，貸方は「資金の調達源泉」を表している。

（2）　損益計算書

財産法では，期末純資産と期首純資産との差額を純利益または純損失として捉えたが，純財産を増減させる原因である収益・費用の差額としても求められる。この方法を損益法という。

この収益項目（科目）と費用項目（科目）の内容は損益計算書により表記され，企業の各利害関係者に公開されるのである。損益計算書は，企業が一会計期間にどのような費用をどれだけ使い，どれだけの収益を上げ，結果として純利益・損失はいくらになったかという，企業の「営業成績」を表したものである。

損益法の算式：収益－費用＝当期純利益

損益計算書等式：収益＝費用＋当期純利益

〔参考〕英語表示について

一般に損益計算書を略してP/L，貸借対照表をB/Sと書くことがある。

P/Lとは，Profit and Loss Statementという用語の省略形として用いられたのであるが，現在の米国では省略形としてはP/Lは用いられるが，一般にはIncome Statementの方が使用されている。

会計（Accounting）の目的は一定期間（Accounting Period）の経営活動（Operating Activity）の結果として，経営成績（Operating results）と財政状態（Financial Position）を明らかにすることである。

Operating Activityにより得られた利益（Profit）または損失（Loss）のことを会計（Accounting）では，当期純利益（Net Income）または当期純損失（Net Loss）と呼ぶ。

収益（Revenues）－費用（Expenses）＝当期純利益（Net Income）
　　　　　　　　　　　　　　　　または当期純損失（Net Loss）

収益（Revenues）＝費用（Expenses）＋当期純利益（Net Income）
　　　　　　　　　　　　　　　　または当期純損失（Net Loss）

Income Statement

費　用 Expenses 850,000	収　益 Revenues 900,000
当期純利益 Net Income 50,000	

Revenuesとは，外部から現金（Cash）が入ってくる原因などを指し，資本（Capital）の増加（Increase）をもたらすもので，以下のようなものがある。

売　　上（Sales）

受取家賃（Rent Revenue）

受取利息（Interest Revenue）

Expensesとは，外部へ現金（Cash）が出ていく原因などを指し，資本（Capital）の減少（Decrease）をもたらすもので，以下のようなものがある。

売上原価（Cost of Good Sold）：CGS

支払給料（Salaries Expenses）

水道光熱費（Utilities Expenses）

消耗品費（Supplies Expenses）

また，貸借対照表（Balance Sheet）は借方（debit）には資産（Assets）を記入し貸方（Credit）には負債（Liabilities）と資本（Capital）を記載し，一定期日の財政状態（Financial Position）を明らかにする書類である。

Balance Sheet

<table>
<tr><td rowspan="3">資　産
Assets
1,045,000</td><td>負　債
Liabilities
395,000</td></tr>
<tr><td>資　本
Capital
600,000</td></tr>
<tr><td>当期純利益
Net Income
50,000</td></tr>
</table>

Assets とは① Cash および金銭価値で評価できるもの，② Cash を後日受け取る権利（Receivable）のことをいい，以下ものがある。

① 現金預金（Cash）・備品（Equipment）・建物（Building）

② 売掛金（Accounts Receivable）・貸付金（Loans Receivable）

Liabilities は Cash を後日支払わなければならない義務（Payable）のことで借入金（Loans Payable）・買掛金（Accounts Payable）などがある。

Capital は Assets から Liabilities を引いた正味財産（Net Worth）のこと。

練習問題

問題 貸借対照表

次の決算整理後の残高試算表を元に，損益計算書と貸借対照表を完成しなさい。

残高試算表

○○商会　　平成○年３月31日

借　方	勘定科目	貸　方
45,640	現　　　金	
258,300	当 座 預 金	
630,000	売　掛　金	
310,000	売買目的有価証券	
32,000	繰 越 商 品	
140,000	備　　　品	
	買　掛　金	345,840
	借　入　金	280,000
	貸倒引当金	6,500
	減価償却累計額	75,600
	資　本　金	500,000
	売　　　上	1,335,700
	受 取 利 息	16,800
586,000	仕　　　入	
384,700	給　　　料	
109,200	支 払 家 賃	
12,600	減価償却費	
5,600	支払保険料	
16,800	支 払 利 息	
9,600	貸倒引当金繰入	
27,000	有価証券評価損	
	未 払 家 賃	9,100
	前 受 利 息	5,600
2,800	前払保険料	
4,900	前 払 利 息	
2,575,140		2,575,140

損益計算書

○○商会　　　平成○年４月１日から平成○年３月31日

費　用	金　額	収　益	金　額
売上原価	(　　)	売上高	(　　)
給料	(　　)	(　　)利息	(　　)
支払家賃	(　　)		
減価償却費	(　　)		
(　　)保険料	(　　)		
(　　)利息	(　　)		
貸倒引当金繰入	(　　)		
有価証券評価損	(　　)		
当期純利益	(　　)		
	(　　)		(　　)

貸借対照表

○○商会　　　平成○年３月31日

資　産	金　額		負債および資本	金　額
現金		(　　)	買掛金	(　　)
当座預金		(　　)	借入金	(　　)
売掛金		(　　)	(　　)家賃	(　　)
(　　)	(　　)	(　　)	(　　)利息	(　　)
売買目的有価証券		(　　)	資本金	(　　)
商品		(　　)	(　　)	(　　)
(　　)保険料		(　　)		
(　　)利息		(　　)		
備品		(　　)		
(　　)	(　　)	(　　)		
		(　　)		(　　)

解答に当たり注意すること

初めに，企業名と残高試算表の作成日を記入する。次に，損益計算書に収益の金額は貸方に，費用の金額は借方に記入する。そして，貸借対照表には資産金額は借方に記入し，負債と資本の金額は貸方に記入する。

損益計算書で注意する事柄

① 貸方側のカッコ内は売上勘定を「売上高」として記入する。
② 借方側の「売上原価」の欄には仕入勘定の金額を記入する。
③ 貸方側の（　）利息は，収益であるから（受取）利息となる。
④ 借方側の（　）保険料は費用であるから（支払）保険料となる。
⑤ 最後に貸借の差額を当期純利益（貸方残）を朱文字で記入する

貸借対照表で注意する事柄

① 売掛金は貸倒引当金を，備品は減価償却累計額をそれぞれ控除する形式で表示する。
② 売掛金の下の（　）内には貸倒引当金と書き，金額欄は残高試算表の金額を左の（　）内に書き，その額を売掛金から引いた額を右の（　）内に書く。
③ 備品の下の（　）内に減価償却累計額と書き，金額欄は残高試算表の金額を左の（　）内に書き，試算表の減価償却累計額を左の備品から引いた金額を減価償却累計額の右の（　）に書く。
④ 借方側の（　）保険料・（　）利息は資産側にあるので（前払）保険料・（前払）利息である。
⑤ 貸方側の（　）利息は負債であるので（前受）利息である。
⑥ 残高試算表の負債の金額で未払家賃だけが残ってしまった。そのため，借入金の下の（　）には未払家賃が記入されることになる。

問題の解答

問題の解答

損益計算書

○○商会　　平成○年４月１日から平成○年３月31日

費用	金額	収益	金額
売上原価	586000	売上	1,335,700
給料	384,700	受取利息	16,800
支払家賃	109,200		
減価償却費	12,600		
支払保険料	5,600		
支払利息	16,800		
貸倒引当金繰入	9,600		
有価証券評価損	27,000		
当期純利益	201,000		
	1,352,500		1,352,500

貸借対照表

○○商会　　平成○年３月31日

資産	金額		負債および資本	金額
現金		45,640	買掛金	345,840
当座預金		258,300	借入金	280,000
売掛金		630,000	未払家賃	9,100
貸倒引当金	6,500	623500	前受利息	5,600
売買目的有価証券		310,000	資本金	500,000
商品		32,000	当期純利益	201,000
前払保険料		2,800		
前払利息		4,900		
備品		140,000		
減価償却累計額	75,600	64,400		
		1,341,540		1,341,540

第 4 章　伝　　票
決算仕訳
訂正仕訳

第 4 問の出題傾向と対策

第 4 問は，伝票記入と仕訳に関する問題を中心に，決算仕訳，勘定記入，訂正仕訳等の比較的容易な問題が出題されている。配点は少ないが，確実に解答したい問題が多い。伝票問題では，一部現金取引の記入方法に特に注意する必要がある。決算仕訳については，決算仕訳，再振替仕訳を確実にできるようにしておきたい。また，訂正仕訳も正しい仕訳ができることが前提であり，訂正の方法も決まっているので本章で確認しておくこと。

1 伝　　票

（1）3伝票制

3伝票制とは，すべての取引を入金取引，出金取引，それ以外の取引に区別して，入金伝票，出金伝票，振替伝票を用いて処理する方法である。

（2）一部現金取引

一部現金取引は，1つの取引のなかに，入金取引または出金取引とそれ以外の取引が同時に含まれるものをいう。この場合，伝票への記入方法は2つある。

（1）　取引のうち現金取引の部分は，入金伝票に記入し，その他の取引の部分は，振替伝票に分解して記入する方法。

（2）　取引をいったん全て掛取引とみなして，振替伝票に記入し，ただちに，掛代金の一部を現金で回収，または現金で支払ったものとして，入金伝票または出金伝票に記入する方法。

例題

取　引　　商品¥5,000を売り上げ，代金のうち¥2,000を現金で受け取り，残額は掛とした。

仕　訳　　（借）現　　金　2,000　　（貸）売　　上　5,000
　　　　　　　　売掛金　3,000

（1）の方法

入金取引：（借）現　　金　2,000　　（貸）売　　上　2,000

掛 取 引：（借）売掛金　3,000　　（貸）売　　上　3,000

借方現金は，入金伝票へ記入する。

仕訳の形式で記入する。

入金伝票	
売上	2,000

振替伝票			
売掛金	3,000	売　上	3,000

貸方科目を記入する。

（２）の方法

いったん全て掛取引：（借）売掛金 5,000　（貸）売　上 5,000

ただちに現金回収：（借）現　金 2,000　（貸）売掛金 2,000

入金伝票

売掛金　2,000

貸方科目を記入する。

振替伝票

売掛金　5,000　　売　上　5,000

取引総額になる。

例題

取　引　商品￥5,000を仕入れ，代金のうち￥2,000を現金で支払い，残額は掛とした。

仕　訳

（借）	仕　入	5,000	（貸）	現　金	2,000
				買掛金	3,000

（１）の方法

出金取引：（借）仕　入　2,000　　（貸）現　金　2,000

掛 取 引：（借）仕　入　3,000　　（貸）買掛金　3,000

貸方現金は，出金伝票へ記入する。

仕訳の形式で記入する。

出金伝票

仕入　2,000

借方科目を記入する。

振替伝票

仕　入　3,000　　買掛金　3,000

（２）の方法

いったん全て掛取引：（借）仕　入 5,000　（貸）買掛金 5,000

ただちに現金支払い：（借）買掛金 2,000　（貸）現　金 2,000

出金伝票

買掛金　2,000

借方科目を記入する。

振替伝票

仕　入　5,000　　買掛金　5,000

取引総額になる。

※（１）の方法によると，入金伝票の相手科目は売上，出金伝票の相手科目は仕入になる。
（２）の方法によると，入金伝票の相手科目は売掛金，出金伝票の相手科目は，買掛金になる。

(3) 5伝票制

5伝票制とは，入金伝票，出金伝票，振替伝票，仕入伝票，売上伝票を用いて取引を記入する方法である。この場合，仕入取引・売上取引は，いったん全て掛取引とみなして仕入伝票または売上伝票に記入する。

例題

取　引　商品￥5,000を売り上げ，代金のうち￥2,000を現金で受け取り，残額は掛とした。

仕　訳　(借) 現　金　2,000　(貸) 売　上　5,000
　　　　　　売掛金　3,000

売上伝票使用

いったん全て掛取引：(借)売掛金 5,000　(貸)売　上 5,000

ただちに現金回収：(借)現　金 2,000　(貸)売掛金 2,000

売上伝票	
売掛金	5,000

借方科目を記入する。　取引総額になる。

入金伝票	
売掛金	2,000

例題

取　引　商品￥5,000を仕入れ，代金のうち￥2,000を現金で支払い，残額は掛とした。

仕　訳　(借) 仕　入　5,000　(貸) 現　金　2,000
　　　　　　　　　　　　　　　　買掛金　3,000

仕入伝票使用

いったん全て掛取引：(借)仕　入 5,000　(貸)買掛金 5,000

ただちに現金支払い：(借)買掛金 2,000　(貸)現　金 2,000

仕入伝票	
買掛金	5,000

貸方科目を記入する。　取引総額になる。

出金伝票	
買掛金	2,000

練習問題

問題１ 伝票

次の取引について，（１）３伝票制を採用している場合について，下記の各伝票に起票しなさい。ただし，一部現金取引については，取引を分解して処理する方法による。さらに，（２）５伝票制を採用している場合について下記の各伝票に起票しなさい。

商品￥180,000を売り上げ，代金のうち￥30,000を現金で受け取り残額は掛とした。

（１）

入金伝票	
科　目	金　額

振替伝票			
借方科目	金　額	貸方科目	金　額

（２）

売上伝票	
科　目	金　額

入金伝票	
科　目	金　額

問題２ 伝票

次の取引について，（１）３伝票制を採用している場合について，下記の各伝票に起票しなさい。ただし，一部現金取引については，取引を分解して処理する方法による。さらに，（２）５伝票制を採用している場合について，下記の各伝票に起票しなさい。

商品￥132,000を仕入れ，代金のうち￥22,000を現金で支払い，残額は掛とした。

（１）

出金伝票	
科　目	金　額

振替伝票			
借方科目	金　額	貸方科目	金　額

（2）

仕入伝票	
科目	金額

出金伝票	
科目	金額

問題3 売上（5伝票制→3伝票制）

伝票会計制度には，入金伝票，出金伝票および振替伝票に起票する3伝票制と仕入伝票と売上伝票も用いる5伝票制がある。以下に示す取引は，5伝票にもとづいて起票されたものである。この取引を3伝票制で起票しなさい。その場合，（1）取引を現金売り上げと掛売り上げに分解して処理する方法，（2）いったん全額を掛による売上取引として処理する方法によって起票しなさい。

売上伝票	
売掛金	¥300,000

入金伝票	
売掛金	¥75,000

（1）取引を現金売り上げと掛売り上げとに分解して処理する方法

入金伝票	
科目	金額

振替伝票			
借方科目	金額	貸方科目	金額

（2）いったん全額を掛による売上取引として処理する方法

入金伝票	
科目	金額

振替伝票			
借方科目	金額	貸方科目	金額

問題4 仕入（5伝票制→3伝票制）

伝票会計制度には，入金伝票，出金伝票および振替伝票に起票する3伝票制と仕入伝票と売上伝票も用いる5伝票制がある。以下に示す取引は5伝票制にもとづいて起票されたものである。この取引を3伝票制で起票しなさい。その場合，（1）取引を現金仕入と掛仕入に分解して処理する方法，（2）いったん全額を掛けによる仕入取引として処理する方法によって起票しなさい。

仕　入　伝　票	
買　掛　金	¥135,000

出　金　伝　票	
買　掛　金	¥45,000

（1）　取引を現金仕入れと掛仕入れとに分解して処理する方法

出　金　伝　票	
科　目	金　額

振　替　伝　票			
借方科目	金　額	貸方科目	金　額

（2）　いったん全額を掛による仕入取引として処理する方法

出　金　伝　票	
科　目	金　額

振　替　伝　票			
借方科目	金　額	貸方科目	金　額

問題5　一部現金取引

当店は3伝票制を用いて会計処理をしている。次の各取引について下記の各伝票に起票しなさい。なお，一部現金取引については，取引を分解して起票する方法を採用している。

（1）　取得原価¥900,000，減価償却累計額¥675,000の備品を¥150,000で売却し，代金は現金で受け取った。

（2）　従業員の給料¥540,000から所得税¥54,000を源泉徴収し，残額を現金で納付した。

（3）　従業員の出張に際し，旅費概算額¥40,000を渡した。本日，帰店した従業員が旅費交通費の精算を行い，不足額¥2,800を現金で支払った（旅費交通費の計上は精算時に行う）。

（1）

入　金　伝　票	
科　目	金　額

振　替　伝　票			
借方科目	金　額	貸方科目	金　額

(2)

出金伝票	
科目	金額

振替伝票			
借方科目	金額	貸方科目	金額

(3)

出金伝票	
科目	金額

振替伝票			
借方科目	金額	貸方科目	金額

問題の解答・解説

問題1の解答

（1）

入　金　伝　票	
科　　目	金　　額
売　　上	30,000

振　替　伝　票			
借方科目	金　　額	貸方科目	金　　額
売 掛 金	150,000	売　　上	150,000

（2）

売　上　伝　票	
科　　目	金　　額
売 掛 金	180,000

入　金　伝　票	
科　　目	金　　額
売 掛 金	30,000

問題1の解説

本問は，3伝票制と5伝票制による伝票記入問題である。

① 取引の仕訳：（借）売掛金　150,000　　（貸）売　上　180,000
　　　　　　　　　　現　金　30,000

② 3伝票制（取引を分解して処理する方法）

（借）売掛金　150,000　　（貸）売　上　150,000　⇒ 振替伝票 へ

（借）現　金　30,000　　（貸）売　上　30,000　⇒ 入金伝票 へ

入金伝票の相手科目は，売上になる。また，振替伝票の金額は，掛売上分の金額である。

③ 5伝票制

（借）売掛金　180,000　　（貸）売　上　180,000　⇒ 売上伝票 へ

（借）現　金　30,000　　（貸）売掛金　30,000　⇒ 入金伝票 へ

まずいったん全額を掛取引として売上伝票へ記入する。そして，ただちに掛代金を現金で回収したとみなして入金伝票へ記入する。

問題2の解答

（1）

出金伝票	
科目	金額
仕入	22,000

振替伝票			
借方科目	金額	貸方科目	金額
仕入	110,000	買掛金	110,000

（2）

仕入伝票	
科目	金額
買掛金	132,000

出金伝票	
科目	金額
買掛金	22,000

問題2の解説

本問は，3伝票制と5伝票制による伝票記入問題である。

① 取引の仕訳：（借）仕　入　132,000　（貸）買掛金　110,000
現　金　22,000

② 3伝票制（取引を分解して処理する方法）

（借）仕　入　110,000　（貸）買掛金　110,000　⇒ 振替伝票 へ
（借）仕　入　22,000　（貸）現　金　22,000　⇒ 出金伝票 へ

出金伝票の相手科目は，仕入になる。また，振替伝票の金額は掛仕入分の金額である。

③ 5伝票制

（借）仕　入　132,000　（貸）買掛金　132,000　⇒ 仕入伝票 へ
（借）買掛金　22,000　（貸）現　金　22,000　⇒ 出金伝票 へ

まず，いったん全額を掛取引として仕入伝票へ記入する。そして，ただちに，掛代金を現金で支払ったとみなして，出金伝票へ記入する。

問題3の解答

（1）　取引を現金売り上げと掛売り上げとに分解して処理する方法

入金伝票	
科目	金額
売上	75,000

振替伝票			
借方科目	金額	貸方科目	金額
売掛金	225,000	売上	225,000

（2）　いったん全額を掛による売上取引として処理する方法

入　金　伝　票	
科　　目	金　　額
売　掛　金	75,000

振　替　伝　票			
借方科目	金　　額	貸方科目	金　　額
売　掛　金	300,000	売　　上	300,000

問題3の解説

本問は，5伝票制にもとづいて起票された取引を3伝票で起票する。

①取引の仕訳：

売上伝票 より：（借）売上金 ~~300,000~~ 225,000　　（貸）売　上　300,000

入金伝票 より：（借）現　金　75,000　　（貸）~~売掛金　75,000~~

⇓

（借）売掛金　225,000　　（貸）売　上　300,000
　　　現　金　75,000

②（1）取引を現金売り上げと掛売り上げとに分解して処理する方法

（借）売掛金　225,000　　（貸）売　上　225,000　⇒ 振替伝票 へ

（借）現　金　75,000　　（貸）売　上　75,000　⇒ 入金伝票 へ

入金伝票の相手科目は，売上になる。また，振替伝票の金額は掛売上分の金額である。

③（2）いったん全額を掛による売上取引として処理する方法

（借）売掛金　300,000　　（貸）売　上　300,000　⇒ 振替伝票 へ

（借）現　金　75,000　　（貸）売掛金　75,000　⇒ 入金伝票 へ

入金伝票の相手科目は，売掛金になる。また，振替伝票の金額は，売上取引全額の金額である。

問題4の解答

（1）　取引を現金仕入と掛仕入とに分解して処理する方法

出　金　伝　票	
科　　目	金　　額
仕　　入	45,000

振　替　伝　票			
借方科目	金　　額	貸方科目	金　　額
仕　　入	90,000	買　掛　金	90,000

（2）　いったん全額を掛による仕入取引として処理する方法

出　金　伝　票	
科　　　目	金　　額
買　掛　金	45,000

振　替　伝　票			
借方科目	金　　額	貸方科目	金　　額
仕　　入	135,000	買　掛　金	135,000

問題4の解説

本問は，5伝票制にもとづいて起票された取引を3伝票で起票する。

①取引の仕訳：

仕入伝票 より：(借) 仕　入　135,000　　(貸) 買掛金　~~135,000~~ 90,000

出金伝票 より：(借) ~~買掛金　45,000~~　　(貸) 現　金　45,000

⇓

(借)	仕　入	135,000	(貸)	買掛金	90,000
				現　金	45,000

②（1）取引を現金仕入れと掛仕入れとに分解して処理する方法

(借) 仕　入　90,000　　(貸) 買掛金　90,000　⇒ 振替伝票 へ

(借) 仕　入　45,000　　(貸) 現　金　45,000　⇒ 出金伝票 へ

出金伝票の相手科目は，仕入になる。また，振替伝票の金額は，掛仕入分の金額である。

③（2）いったん全額を掛による仕入取引として処理する方法

(借) 仕　入　135,000　　(貸) 買掛金　135,000　⇒ 振替伝票 へ

(借) 買掛金　45,000　　(貸) 現　金　45,000　⇒ 出金伝票 へ

出金伝票の相手科目は，買掛金になる。また，振替伝票の金額は，仕入取引全額の金額である。

問題5の解答

（1）

入　金　伝　票	
科　　　目	金　　額
備　　　品	150,000

振　替　伝　票			
借方科目	金　　額	貸方科目	金　　額
減価償却累計額	675,000	備　　　品	750,000
固定資産売却損	75,000		

（2）

出　金　伝　票	
科　　　目	金　額
給　　　料	486,000

振　替　伝　票			
借方科目	金　額	貸方科目	金　額
給　　料	54,000	所得税預り金	54,000

（3）

出　金　伝　票	
科　　　目	金　額
旅費交通費	2,800

振　替　伝　票			
借方科目	金　額	貸方科目	金　額
旅費交通費	40,000	仮　払　金	40,000

問題5の解説

本問は問題の取引にもとづいて各伝票を起票する。

（1）①取引の仕訳：（借）現　　　金　150,000　（貸）備　品　900,000
　　　　　　　　　　　減価償却累計額　675,000
　　　　　　　　　　　固定資産売却損　75,000

②取引を分解して起票する方法によるので，まず，現金による売却収入分を入金伝票に記入する。入金伝票の相手科目は備品になる。

（借）現　金 150,000　（貸）備　品 150,000 ⇒ 入金伝票 へ

③そして，現金取引以外の仕訳を振替伝票に記入する。貸方備品の金額が，入金伝票記入分だけマイナスされる。

（借）減価償却累計額 675,000　（貸）備　品 750,000 ⇒ 振替伝票 へ
　　　固定資産売却損　75,000

（2）①取引の仕訳：（借）給　料 540,000　（貸）所得税預り金　54,000
　　　　　　　　　　　　　　　　　　　　　　　　現　　　金 486,000

②給料のうち現金支給分を出金伝票に記入する。出金伝票の相手科目は給料になる。

（借）給　料 486,000　（貸）現　金 486,000 ⇒ 出金伝票 へ

③そして，預り金分を振替伝票に記入する。

（借）給　料　54,000　（貸）所得税預り金　54,000 ⇒ 振替伝票 へ

（3）①取引の仕訳：（借）旅費交通費 42,800　（貸）仮払金 40,000
　　　　　　　　　　　　　　　　　　　　　　現　金 2,800

②不足額¥2,800の出金分を出金伝票に記入する。

（借）旅費交通費 2,800　（貸）現　金 2,800 ⇒ 出金伝票 へ

③旅費概算額として仮払いしていた¥40,000を旅費交通費に計上し，

振替伝票に記入する。

（借）旅費交通費 40,000　（貸）仮払金 40,000 ⇒ 振替伝票 へ

2 訂正仕訳

(1)

訂正仕訳とは，会社が取引発生時に誤って仕訳し，転記してしまったものを“訂正するための仕訳”である。

誤りの原因は，① 勘定科目を間違えてしまった，② 貸借反対に仕訳を行ってしまった，③ 金額を間違えて計上してしまった，などがある。

(2)

解答手順は，以下の①～④を行う。

① 会社が行った誤った仕訳をする。

⇓

② 誤った仕訳を取り消す仕訳をする（⇐①の貸借反対の仕訳です）。

⇓

③ 本来行う正しい仕訳をする。

⇓

④ 誤りを正しくする“訂正するための仕訳”をする（⇐④の仕訳＝②の仕訳＋③の仕訳）。

(3)

例題　寅○商店に対する買掛金￥30,000を約束手形を振り出して支払った。その際，借方科目を仕入として仕訳していた。

① 誤った仕訳	（借）仕　　入	30,000	（貸）支払手形	30,000	
⇓					
② ①の反対仕訳	（借）~~支払手形~~	~~30,000~~	（貸）仕　　入	30,000	⇐ 誤った仕訳を相殺して消滅させる。
⇓					
③ 正しい仕訳	（借）買 掛 金	30,000	（貸）~~支払手形~~	~~30,000~~	
⇓					
④ ②＋③	（借）買 掛 金	30,000	（貸）仕　　入	30,000	

⇑ ④の仕訳が“訂正するための仕訳”

練習問題

問題 訂正仕訳

決算において，次の各取引について誤りを発見した。そこで，これを訂正するための仕訳を示しなさい。

1．得意先八〇商店から売掛金￥300,000を得意先市〇商店振り出しの小切手で回収した際，誤って売り上げに計上していた。

2．王〇商店から商品を￥350,000で仕入れ，代金は掛とした際，借方科目と貸方科目を誤って貸借反対に記帳していた。

3．前期に貸倒れ処理した売掛金￥100,000について，当期にその一部￥20,000を現金で回収した。その際，借方科目を現金，貸方科目を貸倒引当金として処理していた。

4．得意先子〇商店から売掛代金￥500,000を同店振り出しの小切手で受け取った。その際，受取金額を誤って￥550,000としていた。

5．先月分の保険料￥21,000が当座預金口座から引き落とされていたが，誤って二重に記帳していた。

	借方科目	金　額	貸方科目	金　額
1				
2				
3				
4				
5				

問題の解答・解説

問題の解答

	借方科目	金　額	貸方科目	金　額
1	売　　　上	300,000	売　掛　金	300,000
2	仕　　　入	700,000	買　掛　金	700,000
3	貸倒引当金	20,000	償却債権取立益	20,000
4	売　掛　金	50,000	現　　　金	50,000
5	当座預金	21,000	保　険　料	21,000

問題の解説

1から5まで，解答の手順を使って訂正仕訳を導き出す。

1. ①（借）現　金* 300,000　（貸）売　上 300,000
⇓
②（借）売　上 300,000　（貸）~~現　金 300,000~~
⇓
③（借）~~現　金 300,000~~　（貸）売掛金 300,000
⇓
④（借）売　上 300,000　（貸）売掛金 300,000

＊他人振り出しの小切手は，簿記上では現金になる。

2. ①（借）買掛金 350,000　（貸）仕　入 350,000
⇓
②（借）仕　入 350,000　（貸）買掛金 350,000
⇓　　　　　　　＋　　　　　　　　　＋
③（借）仕　入 350,000　（貸）買掛金 350,000
⇓
④（借）仕　入 700,000*　（貸）買掛金 700,000*

＊誤って貸借反対に記帳した場合は，④の訂正仕訳の金額は倍になる。

3．①（借）現　　　金　200,000　（貸）貸倒引当金　20,000

⇓

②（借）貸倒引当金　20,000　（貸）~~現　　　金　20,000~~

⇓

③（借）~~現　　　金　20,000~~　（貸）償却債権取立益*　20,000

⇓

④（借）貸倒引当金　20,000　（貸）償却債権取立益　20,000

＊前期貸倒れ処理し，当期に一部回収した取引の貸方科目は償却債権取立益である。

4．①（借）現　金　550,000　（貸）売掛金　550,000

⇓

②（借）売掛金　~~550,000~~ 50,000　（貸）現　金　~~550,000~~ 50,000

⇓

③（借）~~現　金　500,000~~　（貸）~~売掛金　500,000~~

⇓

④（借）売掛金　50,000*　（貸）現　金　50,000*

＊金額の誤記帳なので過大計上分の¥50,000を取り消す。

5．①（借）保険料　42,000*　（貸）当座預金　42,000*

⇓

②（借）当座預金　~~42,000~~ 21,000　（貸）保険料　~~42,000~~ 21,000

⇓

③（借）~~保険料　21,000~~　（貸）~~当座預金　21,000~~

⇓

④（借）当座預金　21,000　（貸）保険料　21,000

＊二重記帳は，同じ仕訳を二度行っているので，金額が2倍計上されていることになる。

3 決算仕訳

（1）資本金勘定と引出金勘定

個人企業の経営者が，現金や商品などを私用で使う場合，資本金勘定とは別に引出金勘定を設けて借方に記入する。そして，決算時に，引出金勘定の残高を資本金勘定の借方に振り替える。

引出金

期中引出額	振替額

決算時 振り替え →

資本金

引出額	元入額

例題　寅○商店　期首資本金　¥1,000,000

1．店主が店の現金¥30,000を私用のため引き出した。
2．店主が商品（原価）¥60,000を私用のため使った（三分法）。
3．決算に際し，引出金勘定残高¥90,000を資本金勘定へ振り替えた。

引出金

1. 現金　30,000	3. 資本金　90,000
2. 仕入　60,000	

資本金

3. 引出金　90,000	期　首　1,000,000

3. 引出金勘定から資本金勘定へ振り替える仕訳
（借）資本金　90,000　　（貸）引出金　90,000

期中仕訳　1.（借）引出金　30,000　　（貸）現　金　30,000
　　　　　2.（借）引出金　60,000　　（貸）仕　入　60,000

（2）損益勘定

純損益を計算するために，損益勘定を設ける。そして，すべての収益（貸方残高）を損益勘定貸方に振り替える。さらに，すべての費用（借方残高）を損益勘定借方に振り替える。その結果，損益勘定の貸方には，収益勘定の残高が，借方には費用勘定の残高が記入される。このとき，損益勘定の貸借差額は，当期純損益を示し，これを資本金勘定に振り替える。

① 純利益の場合

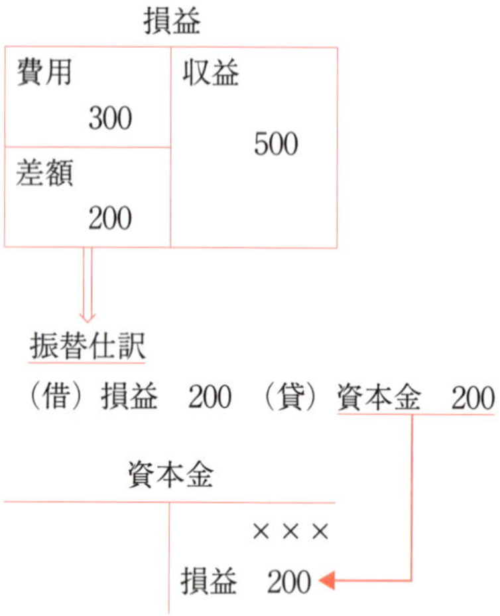

② 純損失の場合

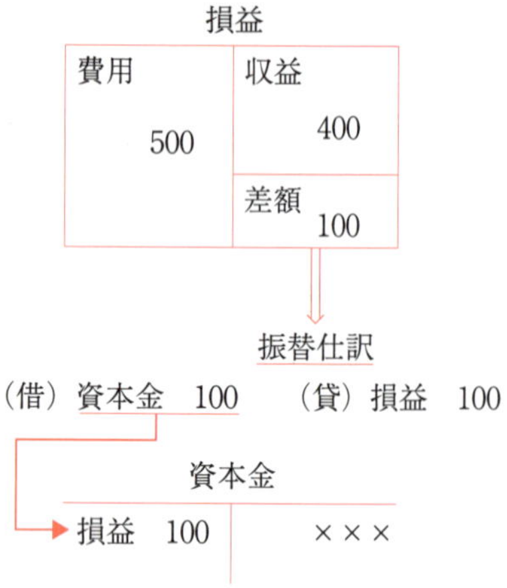

例題 決算に際し，収益・費用諸勘定の決算整理後の残高は以下のとおりである。よって，決算振替仕訳を行いなさい。

売　　上	6,000	受取利息	500
仕　　入	3,500	支払利息	600

① 収益の振り替え：損益勘定の借方に振り替える。

（借）	売　　上	6,000	（貸）	損　　益	6,500
	受取利息	500			

② 費用の振り替え：損益勘定の貸方に振り替える。

（借）	損　　益	4,100	（貸）	仕　　入	3,500
				支払利息	600

③ 損益の振り替え：資本金勘定の貸方に振り替える。

（借）	損　　益	2,400	（貸）	資 本 金	2,400

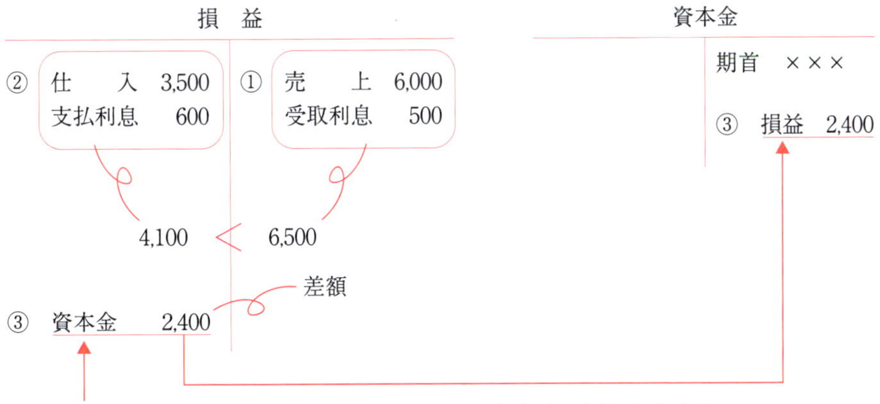

損益勘定貸方残高の場合は，純利益となり，純資産の増加を意味する。
差額を資本金勘定の貸方に振り替える。

練習問題

問題1 決算仕訳

八〇商店（決算年1回12月31日）における取引にもとづいて，引出金勘定と資本金勘定の空欄にあてはまる日付および金額，勘定科目を記入しなさい（商品売買は三分法による）。

3/10　事業主に課せられる所得税の確定申告を行い，所得税額¥80,000を店の現金で納付した。

4/26　本年度の固定資産税¥60,000を店の現金で納付した。ただし，固定資産税のうち40%分は店主個人の家計負担分である。

8/15　店主が私用のため商品（原価）¥20,000を自家消費した。

12/31　引出金勘定を整理した。
　　　純利益¥160,000を資本金勘定へ振り替えた。

引当金

3/10	現　　金	(　　)	(　　)		(　　)
4/26	現　　金	(　　)			
8/15		(　　)			
		(　　)			(　　)

資本金

12/31		(　　)	1/1	前期繰越	1,000,000
〃	次期繰越	(　　)	12/31		(　　)
		(　　)			(　　)

問題2 決算仕訳

以下の（1），（2）にもとづいて，決算仕訳を行うとともに，損益勘定，資本金勘定の空欄に勘定科目，金額を記入しなさい。

（1）決算にあたり以下の諸勘定の残高を損益勘定へ振り替えた。

仕　入	¥1,000,000	売　上	¥1,400,000
給　料	¥420,000	受取手数料	¥27,500
支払利息	¥40,000		

（2）（1）の結果，損益勘定の残高を資本金勘定へ振り替えた。

	借方科目	金　額	貸方科目	金　額
1				
2				

損　益

仕　入	（　　）	売　上	（　　）
給　料	（　　）	受取手数料	（　　）
支払利息	（　　）		（　　）
	（　　）		（　　）

資本金

	（　　）	前期繰越	×××

問題の解答・解説

問題１の解答

引当金

3/10	現　　　金	(80,000)	(12/31)	資　本　金	(124,000)
4/26	現　　　金	(24,000)			
8/15	仕　　　入	(20,000)			
		(124,000)			(124,000)

資本金

12/31	引　出　金	(124,000)	1/1	前期繰越	1,000,000
〃	次期繰越	(1,036,000)	12/31	損　　益	(160,000)
		(1,160,000)			(1,160,000)

問題１の解説

資本金に関する取引を，資本金勘定と引出金勘定に記帳する問題である。

1．期中取引の仕訳

3/10　(借) 引 出 金* 80,000　(貸) 現　　金 80,000

＊店主の所得税は，引出金勘定で処理する。

4/26　(借) 引 出 金* 24,000　(貸) 現　　金 60,000
　　　　　 租税公課 36,000

＊店主負担分（¥60,000×40%＝¥24,000）の固定資産税は引出金勘定で処理する。また，店舗分は，租税公課勘定になる。

8/15　(借) 引 出 金 20,000　(貸) 仕　　入 20,000

2．決算仕訳…引出金勘定から資本金勘定へ振り替える。

12/31　(借) 資 本 金 124,000　(貸) 引 当 金 124,000

3．決算振替仕訳…損益勘定から資本金勘定へ純利益を振り替える。

12/31　(借) 損　　益 160,000　(貸) 資 本 金 160,000

問題２の解答

	借方科目	金　額	貸方科目	金　額
1	売　上	1,400,000	損　益	1,427,500
	受取手数料	27,500		
	損　益	1,460,000	仕　入	1,000,000
			給　料	420,000
			支払利息	40,000
2	資本金	32,500	損　益	32,500

損　益

仕　入	(1,000,000)	売　上	(1,400,000)
給　料	(420,000)	受取手数料	(27,500)
支払利息	(40,000)	資本金	(32,500)
	(1,460,000)		(1,460,000)

資本金

損　益	(32,500)	前期繰越	×××

問題2の解説

収益と費用の諸勘定の残高を損益勘定へ振り替え，差額を資本金勘定へ振り替える決算振替仕訳の問題である。

（1）　損益勘定の貸方には，収益勘定の残高が振り替えられる。

損益

借方	貸方
	売　　上 1,400,000 受取手数料 27,500

(借)		(貸)	
売　　上	1,400,000	損益	1,427,500
受取手数料	27,500		

（2）　損益勘定の借方には，費用諸勘定の残高が振り替えられる。

損益

借方	貸方
仕　　入 1,000,000 給　　料 420,000 支払利息 40,000	

(借)		(貸)	
損益	1,460,000	仕　　入	1,000,000
		給　　料	420,000
		支払利息	40,000

（3）　損益勘定の借方金額と貸方金額の差額は，当期純損益になる。本問は，借方合計￥1,460,000＞貸方合計￥1,427,500となるので，差額￥32,500は純損失となり，資本金勘定の借方へ振り替える。

損益

借方	貸方
⋮ 資本金 32,500	

資本金

借方	貸方
損益 32,500	

(借)		(貸)	
資本金	32,500	損益	32,500

第5章　精 算 表

第５問の出題傾向と対策

第５問は，精算表作成問題または残高試算表から損益計算書・貸借対照表を作成する問題である。精算表は文章問題と推定問題が出題されているが，決算整理事項の仕訳を修正記入欄で行う，精算表作成問題が最も多い。また，推定問題は精算表の空欄を推定する問題であるが，これは精算表の応用問題であり，通常の精算表を作成できることが前提である。

決算整理事項の仕訳は，売上原価の計算，減価償却費，貸倒引当金の設定，売買目的有価証券の評価替え，費用・収益の見越し・繰延べ等，パターン化されているので，満点を狙いたい。

1 決算手続き

（1）決算整理仕訳

決算にあたり，帳簿残高と実際有高が一致していない場合や時価が変動している場合，見積もりが必要な場合，勘定残高を修正する必要がある。この手続きを決算整理といい，このための仕訳を決算整理仕訳，また整理を要する事項を決算整理事項という。

（2）決算整理事項

決算整理事項には，次のようなものがある。

① 費用の見越・繰延　② 収益の見越・繰延　③ 消耗品の処理

④ 商品勘定（売上原価）の整理　⑤ 現金過不足勘定の整理

⑥ 売買目的有価証券の評価　⑦ 固定資産の減価償却

⑧ 貸倒引当金の設定

注：⑤以降はすでに第 1 章および第 2 章の項で取りあげているので該当箇所を参照のこと。

（3）費用の見越・繰延

1．費用の見越

支払いはまだでも当期の費用として発生していれば，決算時にその金額をその費用勘定の借方に記入して加えるとともに，未払費用勘定の貸方に記入して次期に繰り越す。

例題　決算時，利息の未払分が￥1,200 ある。

（借方）支払利息　1,200　　（貸方）未払利息　1,200

2．費用の繰延

費用の勘定に記入してある金額のうち，次期以降にかかわるものは決算時にその費用の勘定から差し引いて，前払費用勘定の借方に記入して次期に繰り延べる。

例題　決算時，保険料の前払分が￥3,000 ある。

（借方）前払保険料　3,000　　（貸方）支払保険料　3,000

助言
未払費用の勘定は
　（貸方）未払○○
前払費用の勘定は
　（借方）前払○○
と記入する。

注：未払費用と前払費用は，次期最初の日付で決算整理仕訳と反対の仕訳をする。このことを再振替仕訳という。

（4）収益の見越・繰延

1．収益の見越

収入はまだでも当期の収益として発生していれば，決算時にその金額をその収益勘定の貸方に記入して加えるとともに，未収収益勘定の借方に記入して次期に繰り越す。

例題　決算時，地代の未収分が￥5,000ある。

（借方）未収地代　5,000　　（貸方）受取地代　5,000

2．収益の繰延

収益勘定に記入されている金額のうち，次期以降にかかわってくる分は，決算時にその収益勘定から差し引いて，前受収益勘定の貸方に記入して次期に繰り延べる。

例題　決算時，家賃の前受分が￥10,000ある。

（借方）受取家賃　10,000　　（貸方）前受家賃　10,000

助言
未収収益の勘定は
　（貸方）未収○○
前受収益の勘定は
　（借方）前受○○
と記入する。
未収収益と前受収益は，次期最初の日付で決算整理仕訳と反対の仕訳をする。

（5）消耗品の処理

消耗品で，決算時に未使用のものは消耗品勘定に，使用した分は消耗品費勘定で処理する。

例題　消耗品￥10,000のうち，決算時未使用分が￥4,000あった。

・購入時に（借方）消耗品勘定で処理した場合

（借方）消耗品費　6,000　　（貸方）消耗品　6,000

・購入時に（借方）消耗品費勘定で処理した場合

（借方）消耗品　4,000　　（貸方）消耗品費　4,000

（6）商品勘定の整理

売上原価の計算法には次の２つの方法がある。

例題　期首商品棚卸高￥1,000，期末商品棚卸高￥1,500，当期商品仕入高￥50,000

① 仕入勘定で計算する場合

（借方）	仕　　入	1,000	（貸方）	繰越商品	1,000
	繰越商品	1,500		仕　　入	1,500

② 売上原価勘定で計算する場合

（借方）	売上原価	1,000	（貸方）	繰越商品	1,000
	繰越商品	1,500		売上原価	1,500
	売上原価	50,000		仕　　入	50,000

注：三分法の場合，決算で売上原価算定のため，上記のどちらかの仕訳が必要となる。

練習問題

問題　決算整理仕訳

次の期末修正事項の仕訳をしなさい。なお，会計期間は1年で，決算日は12月31日とする。

1．売掛金残高￥500,000に対して2％の貸倒れを見積もる。ただし貸倒引当金勘定残高が￥8,000であり，差額補充法によること。
2．売買目的有価証券（帳簿価額￥300,000，決算期末時価￥280,000）の評価替えを行う。
3．期首商品棚卸高￥9,000，期末商品棚卸高￥11,000である。ただし，売上原価は仕入勘定で計算する方法による。
4．期首商品棚卸高￥15,000，期末商品棚卸高￥17,000，当期商品仕入高￥200,000，ただし，三分法を用いているが売上原価勘定で計算する方法による。
5．備品（取得原価￥300,000）の減価償却を定額法により行う。なお，残存価額は取得原価の10％，耐用年数は5年である。記帳方法は間接法による。
6．消耗品の期末未使用高は￥3,000である。なお，購入時は消耗品費勘定を使用。
7．保険料を7月1日に1年分￥12,000支払った。
8．12月分の家賃￥20,000が未払いとなっている。
9．地代を￥72,000受け取っているが，10月1日からの6ヶ月分である。
10．貸付金の利息￥3,600が未収である。

	借方科目	金　　額	貸方科目	金　　額
1				
2				
3				
4				
5				
6				
7				
8				
9				
10				

問題の解答・解説

問題の解答

	借方科目	金　額	貸方科目	金　額
1	貸倒引当金繰入	2,000	貸倒引当金	2,000
2	有価証券評価損	20,000	売買目的有価証券	20,000
3	仕入 繰越商品	9,000 11,000	繰越商品 仕入	9,000 11,000
4	売上原価 繰越商品 売上原価	15,000 17,000 200,000	繰越商品 売上原価 仕入	15,000 17,000 200,000
5	減価償却費	54,000	減価償却累計額	54,000
6	消耗品	3,000	消耗品費	3,000
7	前払保険料	6,000	保険料	6,000
8	支払家賃	20,000	未払家賃	20,000
9	受取地代	36,000	前受地代	36,000
10	未収利息	3,600	受取利息	3,600

問題の解説

1．￥500,000×0.02＝￥10,000→貸倒引当金（B/S）
￥10,000－￥8,000＝￥2,000→貸倒引当金繰入（P/L），この分のみ仕訳。

2．帳簿価額￥300,000＞時価￥280,000→差額￥20,000（有価証券評価損）

3．勘定記入は次のようになる。

仕　入

諸　口	×××	繰越商品	11,000
繰越商品	9,000	損　益	×××

繰越商品

前期繰越	9,000	仕　入	9,000
仕　入	11,000	次期繰越	11,000

4．勘定記入は次のようになる。

仕　入

諸　口	200,000	売上原価	200,000

繰越商品

前期繰越	15,000	売上原価	15,000
売上原価	17,000	次期繰越	17,000

売上原価

繰越商品	15,000	繰越商品	17,000
仕　　入	200,000	損　　益	198,000

5．減価償却費の計算…¥300,000 × 0.9÷ 5 年 = ¥54,000

6．使用した分は消耗品費勘定，未使用在庫分は消耗品勘定を用いる。

7．翌年度 1/1 ～ 6/30 の 6 ヶ月分は前払いとなる。

8．家賃の未払い→（貸方）未払家賃

9．翌年度 1/1 ～ 3/31 の 3 ヶ月分は前受けとなる。

10. 利息の未収→（借方）未収利息

2 精算表

（1）精算表の作成

精算表とは，残高試算表をもとに損益計算書と貸借対照表を作成する過程を１つの表にまとめたものである。決算整理仕訳は修正記入欄で行う。

決算整理仕訳の練習問題をもとに作成したのが次ページの精算表記入例である。ここでは決算整理の練習を主とする。

決算整理仕訳は修正記入欄で行う。

① 貸倒引当金の記入例

総勘定元帳残高　売　掛　金　¥500,000　　貸倒引当金　¥8,000

決算整理事項　　貸倒引当金

売掛金残高の２％差額補充法によること。

② 有価証券評価損の記入例

総勘定元帳残高　売買目的有価証券　¥300,000

決算整理事項　　有価証券期末時価　¥280,000

③ 売上原価の算定（仕入勘定を用いる）

総勘定元帳残高　繰　越　商　品　¥9,000　　仕　入　¥100,000

決算整理事項　　期末商品棚卸高　¥11,000

④ 売上原価の算定（売上原価勘定を用いる）

総勘定元帳残高　繰　越　商　品　¥15,000　　仕　入　¥200,000

決算整理事項　　期末商品棚卸高　¥17,000

⑤ 減価償却の記入例

総勘定元帳残高　備　品　¥300,000　　減価償却累計額　¥108,000

決算整理事項　　残存価格は取得原価の10%，

耐用年数５年。定額法による。

⑥ 消耗品費の記入例

総勘定元帳残高　消　耗　品　費　¥9,000

決算整理事項　　消耗品未使用高　¥3,000

⑦ 費用の繰延

総勘定元帳残高　支 払 保 険 料　¥12,000

決算整理事項　　保険料前払高　¥6,000

⑧ 費用の見越

総勘定元帳残高　支 払 家 賃　¥220,000

決算整理事項　　家賃未払高　¥ 20,000

⑨ 収益の繰延

総勘定元帳残高　受 取 地 代　¥72,000

決算整理事項　　地代前受高　¥36,000

⑩ 収益の見越

総勘定元帳残高　受 取 利 息　¥18,000

決算整理事項　　利息未収高　¥ 3,600

（1）精算表の記入（決算整理仕訳の練習問題を例として）

1．貸倒引当金の記入

勘定科目	残高試算表		修正記入		損益計算書		貸借対照表	
	借方	貸方	借方	貸方	借方	貸方	借方	貸方
売　掛　金	500,000						500,000	
① 貸倒引当金の記入								
貸倒引当金		8,000		+2,000				10,000
貸倒引当金繰入			2,000		2,000			
② 有価証券評価損の記入								
売買目的有価証券	300,000			−20,000			280,000	
有価証券評価損			20,000		20,000			
③ 売上原価の算定（仕入勘定を用いる。ただし，当期仕入高を￥100,000とする）								
繰越商品	9,000		+11,000	−9,000			11,000	
仕　入	100,000		+9,000	−11,000	98,000			
④ 売上原価の算定（売上原価勘定を用いる）								
繰越商品	15,000		+17,000	−15,000			17,000	
仕　入	200,000			−200,000				
売上原価			+15,000	−17,000	198,000			
			+200,000					
⑤ 減価償却費の記入（ただし，減価償却累計額期首残高を￥108,000とする）								
備　品	300,000						300,000	
減価償却費			54,000		54,000			
減価償却累計額		108,000		+54,000				162,000
⑥ 消耗品費の記入（ただし，消耗品購入額を￥9,000とする）								
消　耗　品			3,000				3,000	
消耗品費	9,000			−3,000	6,000			
⑦ 費用の繰延								
支払保険料	12,000			−6,000	6,000			
前払保険料			6,000				6,000	
⑧ 費用の見越（1月から11月分の家賃支払高を￥220,000とする）								
支払家賃	220,000		+20,000		240,000			
未払家賃				20,000				20,000
⑨ 収益の繰延								
受取地代		72,000	−36,000			36,000		
前受地代				36,000				36,000
⑩ 収益の見越（決算までに受け取った利息を￥18,000とする）								
受取利息		18,000		+3,600		21,600		
未収利息			3,600				3,600	

助言　**残高試算表の金額を，修正記入欄の金額が貸借同じ側にあるならば合計，反対側にあるならば差し引いて，資産・負債・純資産勘定の金額は貸借対照表欄に，費用・収益勘定の金額は損益計算書欄に書き移す。**

練習問題

問題1 精算表

次の期末修正事項にもとづいて，解答用紙の精算表を完成しなさい。

ただし，会計期間は平成○年1月1日から平成○年12月31日までの1年とする。

1．現金の実際手許有高は¥100,000であった。

2．受取手形および売掛金の期末残高に対して2％の貸倒れを見積もる。貸倒引当金の設定は差額補充法によること。

3．売買目的有価証券を¥250,000に評価替えする。

4．期末商品棚卸高は¥420,000である。売上原価は「仕入」の行で計算すること。

5．備品については定額法によって減価償却を行う。ただし，備品の残存価額は取得原価の10%，耐用年数は5年である。

6．借入金は平成○年7月1日に，借入期間1年，利率10％で借り入れたものであり，利息は元金の返済時に支払うことになっている。利息は月割り計算によること。

7．受取利息の未収分が¥9,000ある。

8．支払保険料は1年分で，保険契約後決算日までの経過期間は8ヵ月である。

精　算　表

勘定科目	残高試算表		修正記入		損益計算書		貸借対照表	
	借方	貸方	借方	貸方	借方	貸方	借方	貸方
現金	98,000							
受取手形	430,000							
売掛金	920,000							
売買目的有価証券	300,000							
繰越商品	450,000							
備品	300,000							
支払手形		160,000						
買掛金		250,000						
借入金		600,000						
貸倒引当金		20,000						
減価償却累計額		108,000						
資本金		1,000,000						
売上		1,800,000						
受取利息		7,000						
仕入	1,070,000							
給料	263,000							
支払家賃	80,000							
支払保険料	24,000							
支払利息	10,000							
	3,945,000	3,945,000						
雑益								
貸倒引当金繰入								
(　　　)								
有価証券(　　)								
(　　)利息								
(　　)保険料								
未払利息								
当期純(　　)								

問題2 精算表—推定問題

解答欄の精算表の試算表欄および修正記入欄に適当な金額を記入し，損益計算書欄と貸借対照表欄の当期純損益の金額を記入して精算表を完成しなさい。

精　算　表

勘定科目	残高試算表		修正記入		損益計算書		貸借対照表	
	借方	貸方	借方	貸方	借方	貸方	借方	貸方
現金							250,000	
受取手形							472,000	
売掛金							500,000	
売買目的有価証券							220,000	
繰越商品			130,000	120,000				
建物							1,000,000	
備品							200,000	
買掛金								400,000
借入金								700,000
貸倒引当金								11,000
建物減価償却累計				30,000				480,000
備品減価償却累計								102,000
資本金								
売上						1,716,000		
有価証券売却益						24,000		
仕入	1,140,000							
給料					370,000			
支払家賃					22,000			
支払利息					28,000			
貸倒引当金繰入					5,000			
減価償却費					72,000			
有価証券評価損					30,000			
前払家賃			8,000					
未払利息				4,000				
当期純（利益）								

問題の解答・解説

問題1の解答

精　　算　　表

勘定科目	残高試算表		修正記入		損益計算書		貸借対照表	
	借方	貸方	借方	貸方	借方	貸方	借方	貸方
現金	98,000		2,000				100,000	
受取手形	430,000						430,000	
売掛金	920,000						920,000	
売買目的有価証券	300,000			50,000			250,000	
繰越商品	450,000		420,000	450,000			420,000	
備品	300,000						300,000	
支払手形		160,000						160,000
買掛金		250,000						250,000
借入金		600,000						600,000
貸倒引当金		20,000		7,000				27,000
減価償却累計額		108,000		54,000				162,000
資本金		1,000,000						1,000,000
売上		1,800,000				1,800,000		
受取利息		7,000		9,000		16,000		
仕入	1,070,000		450,000	420,000	1,100,000			
給料	263,000				263,000			
支払家賃	80,000				80,000			
支払保険料	24,000			8,000	16,000			
支払利息	10,000		30,000		40,000			
	3,945,000	3,945,000						
雑益				2,000		2,000		
貸倒引当金繰入			7,000		7,000			
（減価償却費）			54,000		54,000			
有価証券（評価損）			50,000		50,000			
（未収）利息			9,000				9,000	
（前払）保険料			8,000				8,000	
未払利息				30,000				30,000
当期純（利益）					208,000			208,000
			1,030,000	1,030,000	1,818,000	1,818,000	2,437,000	2,437,000

問題1の解説

精算表の修正記入欄に以下の修正仕訳を記入する。

1.（借方） 現　　金　2,000　　（貸方） 雑　　益　2,000

帳簿価額¥98,000＜手許有高¥100,000→差額¥2,000は雑益となる。

決算により現金過剰が判明したため，現金か不足勘定を用いないで直接，現金を増加させる処理を行う。

2.（借方） 貸倒引当金繰入　7,000　　（貸方） 貸倒引当金　7,000

受取手形¥430,000，売掛金¥920,000，計¥1,350,000×0.02＝¥27,000→貸倒引当金（B/S）

差額補充法（差額分のみ仕訳）により，¥27,000－¥20,000＝¥7,000

3.（借方） 有価証券評価損　50,000　　（貸方） 売買目的有価証券　50,000

帳簿価額¥300,000－評価価額¥250,000＝¥50,000→有価証券評価損

4.（借方） 仕　　入　450,000　　（貸方） 繰越商品　450,000　←期首分

　　　　　繰越商品　420,000　　　　　　仕　　入　420,000　←期末分

5.（借方） 減価償却費　54,000　　（貸方） 減価償却累計額　54,000

備品減価償却費の計算…¥300,000×0.9÷5年＝¥54,000

6.（借方） 支払利息　30,000　　（貸方） 未払利息　30,000

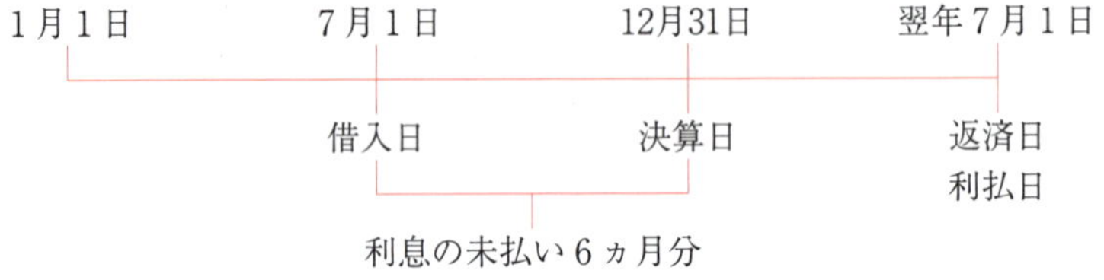

$$¥600{,}000 \times 0.1 \times \frac{6\text{ヵ月}}{12\text{ヵ月}} = ¥30{,}000$$→利息未払分

7.（借方） 未収利息　9,000　　（貸方） 受取利息　9,000

8.（借方） 前払保険料　8,000　　（貸方） 支払保険料　8,000

$$¥24{,}000 \times \frac{12\text{ヵ月} - 8\text{ヵ月}}{12\text{ヵ月}（1\text{年}）} = ¥8{,}000$$→前払い分

問題2の解答　精算表—推定問題

精　算　表

勘定科目	残高試算表		修正記入		損益計算書		貸借対照表	
	借方	貸方	借方	貸方	借方	貸方	借方	貸方
現金	250,000						250,000	
受取手形	472,000						472,000	
売掛金	500,000						500,000	
売買目的有価証券	250,000			30,000			220,000	
繰越商品	120,000		130,000	120,000			130,000	
建物	1,000,000						1,000,000	
備品	200,000						200,000	
買掛金		400,000						400,000
借入金		700,000						700,000
貸倒引当金		6,000		5,000				11,000
建物減価償却累計		450,000		30,000				480,000
備品減価償却累計		60,000		42,000				102,000
資本金		1,000,000						1,000,000
売上		1,716,000				1,716,000		
有価証券売却益		24,000				24,000		
仕入	1,140,000		120,000	130,000	1,130,000			
給料	370,000				370,000			
支払家賃	30,000			8,000	22,000			
支払利息	24,000		4,000		28,000			
貸倒引当金繰入			5,000		5,000			
減価償却費			72,000		72,000			
有価証券評価損			30,000		30,000			
前払家賃			8,000				8,000	
未払利息				4,000				4,000
当期純（利益）					83,000			83,000
	4,356,000	4,356,000	369,000	369,000	1,740,000	1,740,000	2,780,000	2,780,000

問題2の解説

本問は，精算表（T/B）の試算表，修正記入，損益計算書（P/L），貸借対照表（B/S）の各空欄を推定し，精算表を完成させる問題である。本問を解答するには，精算表の記入方法，および決算整理に必要な仕訳のパターンを知っていることが前提であり，これらの知識があいまいな場合は，前問のようなオーソドックスな問題の練習が不可欠である。逆に，そのような練習が十分であれば，比較的容易な問題といえる。解答手順はわかるところから行えばよいが，下記では上からの順とし，修正仕訳はすべて精算表の修正記入欄で行うものとする。

1．現金，受取手形，売掛金は貸借対照表（B/S）の金額を試算表欄に記入する。

2．売買目的有価証券

損益計算書（P/L）の有価証券評価損¥30,000から以下の修正仕訳を推定し，B/Sの金額¥220,000から試算表（T/B）の金額を算出する。

（借方）有価証券評価損　30,000　（貸方）売買目的有価証券　30,000

売買目的有価証券（T/B）－¥30,000（P/L）＝¥220,000（B/S）

∴売買目的有価証券（T/B）＝¥250,000

3．繰越商品

（借方）	仕　　入	120,000	（貸方）	繰越商品	120,000
	繰越商品	130,000		仕　　入	130,000

4．建物，備品，買掛金，借入金はB/Sの金額を試算表欄に記入する。

5．貸倒引当金

P/L欄から以下の仕訳を推定する。

（借方）貸倒引当金繰入　5,000　（貸方）貸倒引当金　5,000

貸倒引当金（T/B）＋¥5,000（P/L）＝¥11,000（B/S）

∴貸倒引当金（T/B）＝¥6,000

6．減価償却累計額

修正記入欄と減価償却費のP/L欄から以下の仕訳を推定する。

（借方）	減価償却費	72,000	（貸方）	建物減価償却累計額	30,000
				備品減価償却累計額	42,000

建物減価償却累計額（T/B）＋¥30,000（修正記入欄）＝¥480,000（B/S）

∴建物減価償却累計額（T/B）＝¥450,000

備品減価償却累計額（T/B）＋¥42,000（修正記入欄）＝¥102,000（B/S）

∴備品減価償却累計額（T/B）＝¥60,000

7．資本金は，T/B 記入後に貸借差額で求める。（→ 14）

8．売上，有価証券売却益は P/L の金額を試算表欄に記入する。

9．仕入：¥1,140,000（T/B）＋¥120,000（修正欄）－¥130,000（修正欄）＝¥1,130,000（P/L）

10. 給料は P/L の金額を試算表欄に記入する。

11. 貸倒引当金繰入，減価償却費，有価証券評価損は P/L の金額を修正記入欄に記入する。

12. 支払家賃

修正記入欄から以下の仕訳を推定する。

（借方）　前払家賃　8,000　　（貸方）　支払家賃　8,000

支払家賃（T/B）－¥8,000（修正記入欄）＝¥22,000（P/L）

∴支払家賃（T/B）＝¥30,000

13. 支払利息

修正記入欄から以下の仕訳を推定する。

（借方）　支払利息　4,000　　（貸方）　未払利息　4,000

支払利息（T/B）＋¥4,000（修正記入欄）＝¥28,000（P/L）

∴支払利息（T/B）＝¥24,000

14. 資本金＝T/B 借方合計¥4,356,000－T/B 貸方合計¥3,356,000 ＝¥1,000,000

15. 当期純利益＝ P/L 貸方合計¥1,740,000－P/L 借方合計¥1,657,000 ＝¥83,000

第133回　簿記検定試験（平成25年 2 月24日施行）

第 1 問（20 点）

下記の各取引について仕訳しなさい。ただし，勘定科目は，次の中から最も適当と思われるものを選ぶこと。

現金	現金過不足	当座預金	受取手形
売掛金	前払金	仮払金	売買目的有価証券
支払手形	買掛金	当座借越	前受金
仮受金	所得税預り金	資本金	損益
仕入	旅費交通費	租税公課	支払手数料
雑損	売上	受取手数料	有価証券売却益

1．売買を目的とする額面総額￥5,000,000 の日商株式会社社債を額面￥100 につき￥97.30 で購入し，代金は購入手数料￥12,000 とともに小切手を振り出して支払った。なお，当座預金の残高は￥4,600,000 であるが，借越限度額￥500,000 の当座借越契約を結んでいる。
2．仕入先熊本商店から商品￥380,000 を仕入れ，代金のうち￥130,000 については秋田商店振出し，当店受取りの約束手形を裏書譲渡し，残額についてはかねてより売掛金のある得意先岩手商店を名宛人，熊本商店を受取人とする為替手形（引受済）を振り出して支払った。なお，引取運賃￥1,700 については現金で支払った。
3．店舗兼居住用の建物と土地に係る固定資産税￥168,000 と店主の所得税￥122,000 を現金で納付した。なお，固定資産税のうち 25％については店主個人居住部分に対するものである。
4．現金の実際有高が帳簿残高より不足していたため現金過不足勘定で処理していたが，本日，旅費交通費￥4,600 が記入漏れとなっていたことが判明した。
5．損益勘定の記録によると，当期の収益総額は￥3,780,000 で費用総額は￥2,986,000 であった。この差額を資本金勘定へ振り替える。

第2問（12点）

下記に示した勘定記入を，3分法（商品勘定を繰越商品，仕入，売上の勘定に分割する方法）により処理した場合の記入に改め，損益勘定以外の各勘定を締切りなさい。なお，売上原価の計算は仕入勘定で行うものとする。また，勘定への記入は必ず日付順に行うこと。

商　　品

1/ 1	前期繰越	50,000	1/10	売掛金	80,000
7	買掛金	60,000	12	買掛金	10,000
16	売掛金	15,000	20	現　金	60,000
18	支払手形	90,000	25	受取手形	20,000
			31	次月繰越	45,000
		215,000			215,000

商品売買益

1/16	売掛金	5,000	1/10	売掛金	20,000
31	損　益	35,000	20	現　金	15,000
			25	受取手形	5,000
		40,000			40,000

損　　益

			1/31	商品売買益	35,000

第3問（30点）

次の，（A）前期末の貸借対照表と，（B）平成25年1月中の取引にもとづいて，答案用紙の合計残高試算表を作成しなさい。

（A）前期末の貸借対照表

貸借対照表

平成24年12月31日

資産	金額	負債・純資産	金額
現金	380,000	支払手形	200,000
当座預金	900,000	買掛金	400,000
受取手形	300,000	前受金	100,000
売掛金	500,000	貸倒引当金	24,000
商品	280,000	備品減価償却累計額	240,000
前払金	80,000	資本金	2,000,000
前払家賃	60,000	当期純利益	136,000
備品	600,000		
	3,100,000		3,100,000

（B）平成25年1月中の取引

1．現金に関する取引

a．商品発注に伴う手付金の支払額　¥ 40,000

b．仕入高　¥ 100,000

c．商品受注に伴う手付金の受入額　¥ 50,000

d．電話料金の支払い　¥ 5,000

e．水道光熱費の支払い　¥ 7,000

f．当座預金からの受入額　¥ 100,000

2．当座預金に関する取引

a．約束手形の期日入金額　¥ 150,000

b．売掛金の回収額　¥ 450,000

c．約束手形の期日支払額　¥ 100,000

d．買掛金の支払額　¥ 300,000

e．給料の支払額　¥ 98,000

f．現金の引出額　¥ 100,000

3．仕入れに関する取引

a．現金仕入高	¥100,000
b．約束手形の振出しによる仕入高	¥ 80,000
c．掛仕入高	¥250,000
d．約束手形の裏書譲渡による仕入高	¥ 50,000
e．手付金による仕入高	¥100,000
f．掛返品高	¥ 20,000
4．売上げに関する取引	
a．約束手形の受入れによる売上高	¥200,000
b．手付金による売上高	¥120,000
c．掛売上高	¥550,000
d．掛値引高	¥ 5,000
5．その他の取引	
a．前払家賃勘定から支払家賃勘定への振替高	¥ 60,000
b．前期発生売掛金の貸倒高	¥ 15,000
c．仕入先から振り出された当店あて為替手形の引受高	¥ 50,000

第4問（8点）

次の取引について下記の問に答えなさい。ただし，答案用紙の（　　）の中には勘定科目（人名勘定は用いないこと）を，[　　]の中には金額を記入しなさい。

取　　引

平成25年1月21日，津軽商事から商品¥180,000を仕入れ，代金のうち¥30,000については現金で支払い，残額は掛けとした。

（1）入金伝票・出金伝票・振替伝票・仕入伝票・売上伝票の5伝票制を採用している場合，答案用紙の出金伝票と仕入伝票への記入を示しなさい。

（2）入金伝票・出金伝票・振替伝票の3伝票制を採用している場合，答案用紙の振替伝票への記入を示しなさい。ただし，一部振替取引については，取引を分解して起票する方法を採用している。

第5問（30点）

次の［決算整理事項等］にもとづいて，答案用紙の精算表を完成しなさい。会計期間は1年，決算日は12月31日である。

［決算整理事項等］

1．決算日における現金の実際有高は¥75,600であった。帳簿残高との不一致の原因は不明であるので，適切に処理する。
2．仮受金¥20,000は，出張中の従業員からあった当座預金の口座への送金を記帳したものであるが，これは売掛金を回収したものであることがわかった。
3．受取手形と売掛金の期末残高総額に対して2％の貸倒れを見積もる。貸倒引当金の設定は差額補充法により行う。
4．売買目的有価証券の決算日における時価は¥37,000である。
5．商品の期末棚卸高は¥42,000である。売上原価は「仕入」の行で計算する。
6．消耗品の未使用高は¥1,500である。
7．建物（耐用年数は25年，残存価額は取得原価の10％）および備品（耐用年数は6年，残存価額はゼロ）について，それぞれ定額法を用いて減価償却を行う。
8．引出金勘定の残高¥123,000を整理する。
9．支払保険料¥13,440は，当期の4月1日に保険に加入し，向こう1年分（12か月分）の保険料を一括して支払ったものである。
10．借入金のうち¥60,000は，当期の9月1日に借入期間9か月，利率年2.3％の条件で借り入れたものであり，借入れに伴う利息は返済期日に元金とともに一括して支払うことになっている。

第 1 問 (20 点)

	仕訳			
	借方科目	金額	貸方科目	金額
1				
2				
3				
4				
5				

第 2 問 (12 点)

繰越商品

(1/ 1)	[前期繰越]	(50,000)	( )	[ ]	( )
( )	[ ]	( )	(31)	[次月繰越]	(45,000)
		( )			( )

売上

( )	[ ]	( )	(1/10)	[売掛金]	(100,000)
( )	[ ]	( )	( )	[ ]	( )
			( )	[ ]	( )
		( )			( )

仕　　入

(　)	[　]	(　)	(　)	[　]	(　)
(18)	[支払手形]	(90,000)	(　)	[　]	(　)
(　)	[　]	(　)	(　)	[　]	(　)
		(　)			(　)

損　　益

(　)	[　]	(　)	(　)	[　]	(　)

第3問（30点）

合計残高試算表

平成25年1月31日

借方 残高	借方 合計	勘定科目	貸方 合計	貸方 残高
		現金		
		当座預金		
		受取手形		
		売掛金		
		貸倒引当金		
		繰越商品		
		前払金		
		前払家賃		
		備品		
		備品減価償却累計額		
		支払手形		
		買掛金		
		前受金		
		資本金		
		売上		
		仕入		
		給料		
		支払家賃		
		通信費		
		水道光熱費		

第4問（8点）

（1）

仕　入　伝　票	
平成25年1月21日	
買　掛　金	

出　金　伝　票	
平成25年1月21日	
（　　　　）	

（2）

振　替　伝　票（借方）		振　替　伝　票（貸方）	
平成25年1月21日		平成25年1月21日	
（　　　　）		（　　　　）	

第5問（30点）

精　算　表

勘定科目	残高試算表		修正記入		損益計算書		貸借対照表	
	借方	貸方	借方	貸方	借方	貸方	借方	貸方
現金	76,500							
当座預金	187,500							
受取手形	41,000							
売掛金	112,000							
売買目的有価証券	38,200							
繰越商品	46,000							
建物	3,000,000							
備品	750,000							
支払手形		28,000						
買掛金		86,000						
借入金		560,000						
仮受金		20,000						
貸倒引当金		780						
建物減価償却累計額		1,188,000						
備品減価償却累計額		375,000						
資本金		1,912,760						
引出金	123,000							
売上		927,000						
仕入	438,500							
給料	252,000							
消耗品費	7,900							
支払保険料	13,440							
支払利息	11,500							
	5,097,540	5,097,540						
雑（　　）								
貸倒引当金（　）								
有価証券評価（　）								
消耗品								
減価償却費								
（　）保険料								
（　　）利息								
当期純（　）								

問題の解答・解説

この解答例は，当社で作成したものです。

第1問の解答（20点）各4点

	借方科目	金額	貸方科目	金額
1	売買目的有価証券	4,877,000	当座預金 当座借越	4,600,000 277,000
2	仕入	381,700	受取手形 売掛金 現金	130,000 250,000 1,700
3	資本金 租税公課	164,000 126,000	現金	290,000
4	旅費交通費	4,600	現金過不足	4,600
5	損益	794,000	資本金	794,000

第1問の解説

1．売買目的有価証券を購入する場合，購入代金に購入手数料を加えた金額を売買目的有価証券勘定の借方に記入する。そして，当座借越契約を結んでいるので，小切手で支払った代金のうち当座預金残高を超える金額は，当座借越勘定（貸方）として処理する。

$$¥5,000,000 \times \frac{¥97.3}{¥100} + ¥12,000 = ¥4,877,000$$（取得原価）

¥4,877,000（小切手振出分）－¥4,600,000（当座預金残高）

＝¥277,000（当座借越）

2．商品を仕入れたとき，購入代金に引取運賃を加えた金額を仕入勘定の借方に記入する。代金の支払いのうち，裏書譲渡分は受取手形勘定（貸方），為替手形の振り出し分は売掛金勘定（貸方）として処理する。なお，引取運賃は現金勘定（貸方）で処理する。

¥380,000（購入代金）＋¥1,700（引取運賃）＝¥381,700（取得原価）

3．固定資産税のうち，75%は店の費用として租税公課勘定（借方）に記入する。また，固定資産税のうち，25％と所得税は店主の私用（資本の引き出し）になるので，資本金勘定（借方）に記入する（本問において，引出金勘定は使用する勘定に含まれていない）。

¥168,000（固定資産税）×75％＝¥126,000（店舗費用）

¥168,000（固定資産税）×25％＋¥122,000（所得税）

＝¥164,000（店主私用）

4．現金不足額が判明したときに

（借方）現金過不足　4,600　　（貸方）現　　　金　4,600

の仕訳が行われている。

したがって，現金過不足勘定を貸方に記入し，原因が判明した旅費交通費を借方に記入する。

5．当期純損益を計算するために損益勘定を設ける。そして，損益勘定の貸方に収益総額を，借方に費用総額を振り替え，貸借差額を資本金勘定へ振り替える。

¥3,780,000（収益総額）－¥2,986,000（費用総額）＝¥794,000（当期純利益）

本問の場合，当期純利益が発生しているので，損益勘定の借方と資本金勘定の貸方へ記入する。

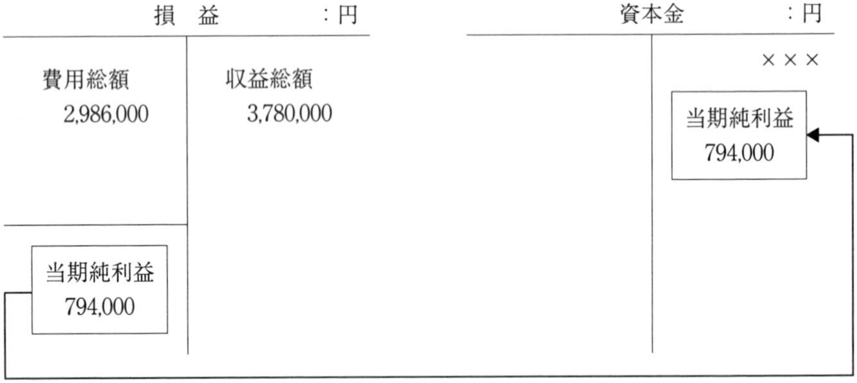

第2問の解答（12点） □ 各2点

繰越商品

(1/ 1)	[前期繰越]	(50,000)	(1/31)	[仕　　入]	(50,000)
(31)	[仕　　入]	(45,000)	(31)	[次月繰越]	(45,000)
		(95,000)			(95,000)

売　　上

(1/16)	[売 掛 金]	(20,000)	(1/10)	[売 掛 金]	(100,000)
(31)	[損　　益]	(180,000)	(20)	[現　　金]	(75,000)
			(25)	[受取手形]	(25,000)
		(200,000)			(200,000)

仕　　入

(1/ 7)	[買 掛 金]	(60,000)	(1/12)	[買 掛 金]	(10,000)
(18)	[支払手形]	(90,000)	(31)	[繰越商品]	(45,000)
(31)	[繰越商品]	(50,000)	(〃)	[損　　益]	(145,000)
		(200,000)			(200,000)

損　　益

(1/31)	[仕　　入]	(145,000)	(1/31)	[売　　上]	(180,000)

第2問の解説

分記法は，商品を仕入れたとき，仕入れた商品の原価で商品勘定の借方に記入する。また，商品を売り上げたときは，売り上げた商品の原価で商品勘定の貸方に記入する。そして，売価と原価の差額は，商品売買益勘定の貸方に記入し，貸方残高を損益勘定へ振り替える。

三分法は商品を仕入れたとき，仕入れた商品の原価で，仕入勘定の借方に記入する。また，商品を売り上げたときは，売り上げた商品の売価で売上勘定の貸方に記入する。そして，決算整理後の仕入勘定借方残高（売上原価の金額）と売上勘定貸方残高を損益勘定へ振り替える。

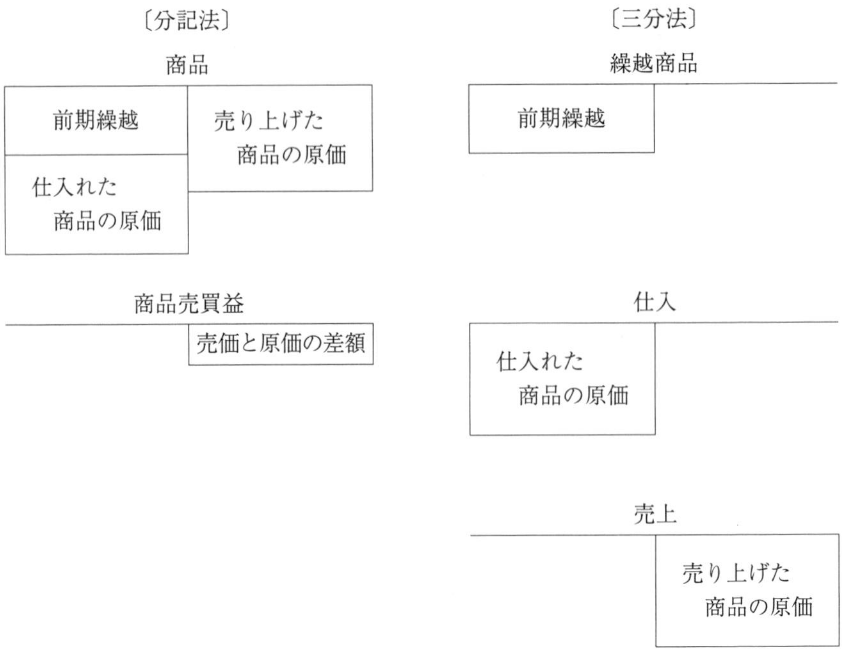

三分法の仕訳

1/7	(借方)	仕　　入	60,000	(貸方)	買 掛 金	60,000
1/10	(借方)	売 掛 金	100,000	(貸方)	売　　上	100,000
1/12	(借方)	買 掛 金	10,000	(貸方)	仕　　入	10,000
1/16	(借方)	売　　上	20,000	(貸方)	売 掛 金	20,000
1/18	(借方)	仕　　入	90,000	(貸方)	買 掛 金	90,000
1/20	(借方)	現　　金	75,000	(貸方)	売　　上	75,000
1/25	(借方)	受取手形	25,000	(貸方)	売　　上	25,000
1/31	(借方)	仕　　入	50,000	(貸方)	繰越商品	50,000
		繰越商品	45,000		仕　　入	45,000
〃	(借方)	損　　益	145,000	(貸方)	仕　　入	145,000
		売　　上	180,000		損　　益	180,000

第3問の解答（30点） □ 各2点

合計残高試算表

平成25年1月31日

借方 残高	借方 合計	勘定科目	貸方 合計	貸方 残高
378,000	530,000	現金	152,000	
902,000	1,500,000	当座預金	598,000	
300,000	500,000	受取手形	200,000	
580,000	1,050,000	売掛金	470,000	
	15,000	貸倒引当金	24,000	9,000
280,000	280,000	繰越商品		
20,000	120,000	前払金	100,000	
	60,000	前払家賃	60,000	
600,000	600,000	備品		
		備品減価償却累計額	240,000	240,000
	100,000	支払手形	330,000	230,000
	370,000	買掛金	650,000	280,000
	120,000	前受金	150,000	30,000
		資本金	2,136,000	2,136,000
	5,000	売上	870,000	865,000
560,000	580,000	仕入	20,000	
98,000	98,000	給料		
60,000	60,000	支払家賃		
5,000	5,000	通信費		
7,000	7,000	水道光熱費		
3,790,000	6,000,000		6,000,000	3,790,000

第3問の解説

（A） 前期末貸借対照表の資本金￥2,000,000と当期純利益￥136,000の合計￥2,136,000が，合計残高試算表の資本金の金額となる。

（B） 取引ごとに資料が示されているので，同一取引を二重に仕訳をしないよう注意を要す。

1．現金に関する取引	b．仕入高	￥100,000	←┐同じ取引
3．仕入に関する取引	a．現金仕入高	￥100,000	←┘
1．現金に関する取引	f．当座預金からの受入額	￥100,000	←┐同じ取引
2．当座預金に関する取引	f．現金の引出額	￥100,000	←┘

取引の仕訳

1.	a	（借方）前払金	40,000	（貸方）現金	40,000
	b	（借方）仕入	100,000	（貸方）現金	100,000
	c	（借方）現金	50,000	（貸方）前受金	50,000
	d	（借方）通信費	5,000	（貸方）現金	5,000
	e	（借方）水道光熱費	7,000	（貸方）現金	7,000
	f	（借方）現金	100,000	（貸方）当座預金	100,000
2.	a	（借方）当座預金	150,000	（貸方）受取手形	150,000
	b	（借方）当座預金	450,000	（貸方）売掛金	450,000
	c	（借方）支払手形	100,000	（貸方）当座預金	100,000
	d	（借方）買掛金	300,000	（貸方）当座預金	300,000
	e	（借方）給料	98,000	（貸方）当座預金	98,000
	f	1. fで仕訳済み			
3.	a	1. bで仕訳済み			
	b	（借方）仕入	80,000	（貸方）支払手形	80,000
	c	（借方）仕入	250,000	（貸方）買掛金	250,000
	d	（借方）仕入	50,000	（貸方）受取手形	50,000
	e	（借方）仕入	100,000	（貸方）前払金	100,000
	f	（借方）買掛金	20,000	（貸方）仕入	20,000
4.	a	（借方）受取手形	200,000	（貸方）売上	200,000
	b	（借方）前受金	120,000	（貸方）売上	120,000
	c	（借方）売掛金	550,000	（貸方）売上	550,000
	d	（借方）売上	5,000	（貸方）売掛金	5,000
5.	a	（借方）支払家賃	60,000	（貸方）前払家賃	60,000
	b	（借方）貸倒引当金	15,000	（貸方）売掛金	15,000
	c	（借方）買掛金	50,000	（貸方）支払手形	50,000

（A）の貸借対照表と（B）１月中の取引の仕訳の金額を合計し，合計欄へ記入する。そして，各勘定科目ごとに貸借差額を計算し，残高欄（合計金額の

多い方）に記入する。

第4問の解答（8点）［　　］各2点

(1)

仕　入　伝　票	
平成25年1月21日	
買　掛　金	180,000

出　金　伝　票	
平成25年1月21日	
(買　掛　金)	30,000

(2)

振　替　伝　票（借方）		振　替　伝　票（貸方）	
平成25年1月21日		平成25年1月21日	
(仕　　入)	150,000	(買　掛　金)	150,000

第4問の解説

取引の仕訳

（借方）	仕　　入	180,000	（貸方）	現　　金	30,000
				買　掛　金	150,000

（1）　5伝票制を採用している場合

①　仕入伝票：いったん全て掛仕入とする仕訳

（借方）仕　　入　180,000　（貸方）買　掛　金　180,000

②　出金伝票：現金支払分の仕訳

（借方）買　掛金　30,000　（貸方）現　　金　30,000

（2）　3伝票制を採用している場合（取引を分解して起票する方法）

①　出金伝票：現金仕入分の仕訳

（借方）仕　　入　30,000　（貸方）現　　金　30,000

②　振替伝票：掛仕入分の仕訳

（借方）仕　　入　150,000　（貸方）買　掛　金　150,000

第5問の解答（30点） ☐ 各3点

精　算　表

勘定科目	残高試算表		修正記入		損益計算書		貸借対照表	
	借方	貸方	借方	貸方	借方	貸方	借方	貸方
現金	76,500			900			75,600	
当座預金	187,500						187,500	
受取手形	41,000						41,000	
売掛金	112,000			20,000			92,000	
売買目的有価証券	38,200			1,200			37,000	
繰越商品	46,000		42,000	46,000			42,000	
建物	3,000,000						3,000,000	
備品	750,000						750,000	
支払手形		28,000						28,000
買掛金		86,000						86,000
借入金		560,000						560,000
仮受金		20,000	20,000					
貸倒引当金		780		1,880				2,660
建物減価償却累計額		1,188,000		108,000				1,296,000
備品減価償却累計額		375,000		125,000				500,000
資本金		1,912,760	123,000					1,789,760
引出金	123,000			123,000				
売上		927,000				927,000		
仕入	438,500		46,000	42,000	442,500			
給料	252,000				252,000			
消耗品費	7,900			1,500	6,400			
支払保険料	13,440			3,360	10,080			
支払利息	11,500		460		11,960			
	5,097,540	5,097,540						
雑（損）			900		900			
貸倒引当金（繰入）			1,880		1,880			
有価証券評価（損）			1,200		1,200			
消耗品			1,500				1,500	
減価償却費			233,000		233,000			
（前払）保険料			3,360				3,360	
（未払）利息				460				460
当期純（損失）						32,920	32,920	
			473,300	473,300	959,920	959,920	4,262,880	4,262,880

注：「雑損」は「雑損失」でもよい。

第5問の解説

以下の仕訳を精算表修正記入欄で行う。

決算整理事項

1．（借方）雑　　　損　900　（貸方）現　　金　900

　¥76,500（現金残高）－¥75,600（現金実際有高）＝¥900

2．（借方）仮　受　金　20,000　（貸方）売　掛　金　20,000

3．（借方）貸倒引当金繰入　1,880　（貸方）貸倒引当金　1,880

　¥41,000（受取手形）＋¥112,000（売掛金）－¥20,000（2.）＝¥133,000

　¥133,000×2％＝¥2,660（貸倒見積額）

　¥2,660－¥780（貸倒引当金）＝¥1,880（貸倒引当金繰入額）

4．（借方）有価証券評価損　1,200　（貸方）売買目的有価証券　1,200

　¥38,200（帳簿価額）＞¥37,000（時価）⟶差額¥1,200（損）

5．（借方）仕　　入　46,000　（貸方）繰越商品　46,000

　　　　　繰越商品　42,000　　　　　仕　　入　42,000

6．（借方）消 耗 品　1,500　（貸方）消耗品費　1,500

　購入時，消耗品費勘定で処理しているので，未使用分を消耗品勘定へ振り替える。

7．（借方）減価償却費　233,000　（貸方）建物減価償却累計額　108,000

　　　　　　　　　　　　　　　　　　　備品減価償却累計額　125,000

$$建物\quad ¥3,000,000 \times 0.9 \times \frac{1年}{25年} = ¥108,000$$

$$備品\quad ¥750,000 \times \frac{1年}{6年} = ¥125,000$$

8．（借方）資　本　金　123,000　（貸方）引　出　金　123,000

9．（借方）前払保険料　3,360　（貸方）支払保険料　3,360

$$¥13,440 \times \frac{3ヵ月\ (1/1\sim3/31)}{12ヵ月} = ¥3,360$$

10．（借方）支 払 利 息　460　（貸方）未 払 利 息　460

$$¥60,000 \times 2.3\% \times \frac{4ヵ月\ (9/1\sim12/31)}{12ヵ月} = ¥460$$

第134回　簿記検定試験（平成25年6月9日施行）

第1問（20点）

下記の各取引について仕訳しなさい。ただし，勘定科目は，次の中から最も適当と思われるものを選ぶこと。

現金	当座預金	普通預金	受取手形
売掛金	前払金	前受金	備品
備品減価償却累計額	支払手形	買掛金	未払金
未収金	当座借越	資本金	売上
固定資産売却益	仕入	発送費	通信費
減価償却費	固定資産売却損		

1．平成21年11月1日に取得した備品（取得原価：¥240,000，残存価額：ゼロ，耐用年数：8年，定額法により償却，間接法により記帳）が不用になったので，平成25年5月31日に¥80,000で売却し，代金については翌月末に受け取ることにした。なお，決算日は12月31日とし，当期首から売却時点までの減価償却費は月割りで計算すること。

2．群馬商店に商品¥330,000を売り渡し，代金のうち¥30,000は注文時に受け取った内金と相殺し，¥200,000は新潟商店振出し，群馬商店受取りの約束手形を裏書譲渡され，残額は掛けとした。なお，群馬商店負担の発送運賃¥15,000は現金で支払った。

3．先週末に受け取った得意先福岡商店振出しの小切手¥180,000を当座預金に預け入れた。なお，当座預金出納帳の貸方残高は¥150,000であり，取引銀行とのあいだに借越限度額¥1,000,000の当座借越契約が結ばれている。

4．営業活動に使用している携帯電話の5月分の料金¥35,000が普通預金口座から引き落とされた。

5．得意先東北商店から売掛金¥120,000を現金で回収したさい，誤って売上に計上していたことが判明したので，本日これを訂正する。

第2問（10点）

次の5月における商品Aに関する資料にもとづいて，下記の設問に答えなさい。

[商品Aに関する資料]

5月1日	前月繰越	100個	@¥200
7日	仕　入	100個	@¥210
10日	売　上	80個	@¥380
14日	仕　入	80個	@¥215
20日	売　上	100個	@¥385
27日	仕　入	50個	@¥212
30日	売　上	70個	@¥390

1．商品の払出単価の決定方法として移動平均法を用いて，商品有高帳に記入しなさい。なお，商品有高帳は締め切らなくてよい。

2．商品の払出単価の決定方法として先入先出法を用いた場合における，商品Aの⑴当月（5月）の売上総利益と⑵次月繰越高を求めなさい。

第3問（30点）

次の，（A）合計試算表と（B）諸取引にもとづいて，答案用紙の5月末日の合計残高試算表と売掛金および買掛金の明細表を作成しなさい。なお，合計残高試算表の勘定科目の（　　）内には，適当な勘定科目を記入すること。

（A）平成 25 年 5 月 25 日現在の合計試算表

合計試算表

借　　方	勘定科目	貸　　方
1,075,000	現　　　金	675,000
2,185,000	当座預金	1,200,000
450,000	受取手形	300,000
950,000	売　掛　金	700,000
250,000	繰越商品	
300,000	備　　　品	
250,000	支払手形	350,000
650,000	買　掛　金	800,000
5,000	預　り　金	5,000
	借　入　金	900,000
	資　本　金	1,100,000
60,000	売　　　上	2,260,000
1,660,000	仕　　　入	20,000
300,000	給　　　料	
150,000	支払家賃	
25,000	水道光熱費	
8,310,000		8,310,000

（B）平成 25 年 5 月 26 日から 31 日までの諸取引

26日　掛 仕 入：千葉商店￥55,000　茨城商店￥50,000
　　　手形仕入：茨城商店￥20,000（手形は，当店振出しの約束手形である）
27日　掛 返 品：26 日仕入分より　千葉商店￥4,000
　　　掛値引き：26 日仕入分より　茨城商店￥500
　　　掛 売 上：神奈川商店￥60,000
28日　掛　売　上：埼玉商店￥45,000
　　　手 形 売 上：埼玉商店￥30,000（手形は，同店振出しの約束手形である）
　　　掛代金支払い：当座預金より振込み　千葉商店￥50,000　茨城商店￥40,000
29日　掛値引き：27 日売上分より　神奈川商店￥1,000
30日　掛代金回収：得意先振出しの小切手で回収　神奈川商店￥75,000　埼

玉商店￥65,000

本月分水道光熱費支払い：当座預金口座からの引落し￥5,000

31日　給料支払い：支給総額￥70,000　所得税源泉徴収額￥1,000　差引支払額は当座預金より振込み

本月分家賃支払い：当座預金より振込み￥37,500

当座預金預入れ：30日に受け取った小切手のうち，神奈川商店分を取引銀行の当座預金に預入れ

千葉商店からの依頼により，同店振出し，当店あての為替手形￥60,000を引き受けた。

茨城商店への掛代金の支払いとして，埼玉商店振出し，当店あての約束手形￥40,000を茨城商店へ裏書譲渡した。

支払期日をむかえた当店振出し，茨城商店あての約束手形￥50,000が当座預金口座から引き落とされた。

借入金￥300,000および，その利息￥12,000を，当座預金から振り込んで支払った。

第4問（10点）

下記の各取引の伝票記入について，空欄①～⑤にあてはまる適切な語句または金額を答えなさい。ただし，語句については，次の中から最も適当と思われるものを選んで答えること。

現金	入金	出金	受取手形
売掛金	支払手形	買掛金	売上
仕入	振替		

（1）商品￥27,000を仕入れ，代金のうち￥10,000は現金で支払い，残額は掛けとした。

（　①　）伝票	
科目	金額
買掛金	10,000

仕入伝票	
科目	金額
買掛金	（　②　）

（2）商品を￥40,000で販売し，代金のうち￥33,000は得意先振出しの約束手形で受け取り，残額は現金で受け取った。

入金伝票	
科　　目	金　　額
売　掛　金	7,000

売上伝票	
科　　目	金　　額
（　③　）	40,000

（　④　）伝　票			
借方科目	金　　額	貸方科目	金　　額
受取手形	33,000	（　⑤　）	33,000

第5問（30点）

次の資料Ⅰおよび資料Ⅱにもとづいて，精算表を完成しなさい。ただし，会計期間は1年で決算日は12月31日である。

資料Ⅰ　得意先が倒産し，前期から繰り越されてきた売掛金のうち¥7,000が貸し倒れとなった。

資料Ⅱ　決算整理事項は次のとおりである。

（1）　期末商品棚卸高は¥270,000である。なお，売上原価は「売上原価」の行で計算すること。

（2）　受取手形および売掛金の期末残高の合計額に対して，貸倒実績率により3％の貸倒れを見積もる。なお，差額補充法によること。

（3）　売買目的有価証券の決算日の時価は，¥146,000であり，時価法によって評価する。

（4）　建物（残存価額は取得原価の10％）については定額法（耐用年数30年），備品（残存価額ゼロ）については定額法（耐用年数6年）により減価償却を行う。記帳方法は間接法によること。

（5）　消耗品の未使用分が決算日時点で¥5,000であることが確認された。適切な処理を行う。

（6）　受取手数料の未収分が¥12,000ある。

（7）　支払保険料は，9月1日に向こう1年分をまとめて支払ったものであり，未経過分を繰り延べる。

（8）　支払利息の未払分が¥18,000ある。

第 1 問（20 点）

	仕訳			
	借方科目	金額	貸方科目	金額
1				
2				
3				
4				
5				

第 2 問（10 点）

1. **商品有高帳**

（移動平均法）　　商品 A　　（単位：円）

平成 25 年		摘要	受入			払出			残高		
			数量	単価	金額	数量	単価	金額	数量	単価	金額
5	1	前月繰越									

2.

（1） 売上総利益　¥＿＿＿＿＿＿　（2） 次月繰越高　¥＿＿＿＿＿＿

第3問（30点）

合計残高試算表

平成25年5月31日

借方 残高	借方 合計	勘定科目	貸方 合計	貸方 残高
		現金		
		当座預金		
		受取手形		
		売掛金		
		繰越商品		
		備品		
		支払手形		
		買掛金		
		預り金		
		借入金		
		資本金		
		売上		
		仕入		
		給料		
		支払家賃		
		水道光熱費		
		（　　　）		

売掛金明細表

	5月25日	5月31日
神奈川商店	¥ 150,000	¥
埼玉商店	100,000	
	¥ 250,000	¥

買掛金明細表

	5月25日	5月31日
千葉商店	¥ 90,000	¥
茨城商店	60,000	
	¥ 150,000	¥

第4問（10点）

①	②	③	④	⑤

第5問（30点）

精　　算　　表

勘定科目	試算表		修正記入		損益計算書		貸借対照表	
	借方	貸方	借方	貸方	借方	貸方	借方	貸方
現金	55,700							
当座預金	196,300							
受取手形	355,600							
売掛金	571,400							
売買目的有価証券	158,000							
繰越商品	293,000							
建物	2,500,000							
備品	900,000							
支払手形		368,100						
買掛金		225,900						
借入金		1,200,000						
貸倒引当金		14,500						
建物減価償却累計額		750,000						
備品減価償却累計額		300,000						
資本金		1,902,500						
売上		4,415,000						
受取手数料		36,000						
受取配当金		12,000						
仕入	2,823,000							
給料	1,139,000							
消耗品費	67,000							
支払保険料	129,000							
支払利息	36,000							
	9,224,000	9,224,000						
売上原価								
貸倒引当金（　）								
有価証券評価（　）								
減価償却費								
（　　　）								
（　）手数料								
（　）保険料								
（　）利息								
当期純（　）								

問題の解答・解説

この解答例は，当社で作成したものです。

第1問の解答（20点）各4点

	仕訳			
	借方科目	金額	貸方科目	金額
1	減価償却費 備品減価償却累計額 未収金 固定資産売却損	12,500 95,000 80,000 52,500	備品	240,000
2	前受金 受取手形 売掛金	30,000 200,000 115,000	売上 現金	330,000 15,000
3	当座借越 当座預金	150,000 30,000	現金	180,000
4	通信費	35,000	普通預金	35,000
5	売上	120,000	売掛金	120,000

第1問の解説

1．固定資産を売却した場合の仕訳は，備品勘定を貸方に取得原価で記入し，減価償却累計額勘定の残高を借方に記入する。そして，帳簿価額と売却価額の差額が固定資産売却損となる。また，備品を売却して代金を受け取っていないので，未収金勘定（借方）を用いる。

減価償却累計額　$¥240{,}000 \times \dfrac{38\text{ヵ月（H21.11.1〜H24.12.31）}}{96\text{ヵ月（＝8年×12ヵ月）}} = ¥95{,}000$①

減価償却費　$¥240{,}000 \times \dfrac{5\text{ヵ月（H25.1.1〜H25.5.31）}}{96\text{ヵ月}} = ¥12{,}500$②

帳簿価額　¥240,000－(¥95,000(①)＋¥12,500(②))＝¥132,500③

売却損　¥132,500(③)－¥80,000(売却価額)＝¥52,500

2．商品を売り上げ，買主負担の発送費を立替払いにしたので，売掛金勘定に含めて処理する。

代金のうち，内金を相殺した分は，前受金勘定に，裏書譲渡された分は，受取手形勘定に記入する。

3．当座借越が発生しているときに，当座預金に預け入れを行う場合，まず，借越分を（借方）当座借越として記入し，残額を（借方）当座預金とする。

また，他人振出小切手を受け取ったときに（借方）現金で仕訳しているので，（貸方）現金となる。

4．営業用携帯電話料金は，（借方）通信費として処理する。

5．

① 誤った仕訳	（借方）現金	120,000	（貸方）売　上	120,000
② ①の反対仕訳	（借方）売上	120,000	（貸方）~~現　金~~	~~120,000~~
③ 正しい仕訳	（借方）~~現金~~	~~120,000~~	（貸方）売掛金	120,000
④ ②+③	（借方）売上	120,000	（貸方）売掛金	120,000

第2問の解答（10点）□ 各2点

1．

商品有高帳

（移動平均法）　　商　品　A　　（単位：円）

平成25年		摘要	受入 数量	受入 単価	受入 金額	払出 数量	払出 単価	払出 金額	残高 数量	残高 単価	残高 金額
5	1	前月繰越	100	200	20,000				100	200	20,000
	7	仕　入	100	210	21,000				200	205	41,000
	10	売　上				80	205	16,400	120	205	24,600
	14	仕　入	80	215	17,200				200	209	41,800
	20	売　上				100	209	20,900	100	209	20,900
	27	仕　入	50	212	10,600				150	210	31,500
	30	売　上				70	210	14,700	80	210	16,800

2．

（1）売上総利益　¥ 44,450　　（2）次月繰越高　¥ 17,050

第2問の解説

1．移動平均法：単価の異なる商品を仕入れるつど，平均単価を求め，これを払出単価とする。

5/7　平均単価 $\frac{¥20,000 + ¥21,000}{100個 + 100個} = @¥205$

5/10　平均単価@¥205で払い出す。

5/14　平均単価 $\frac{¥24,600 + ¥17,200}{120個 + 80個} = @¥209$

5/20　平均単価@¥209で払い出す。

5/27　　平均単価$\frac{¥20,900 + ¥10,600}{100個 + 50個}$ = @¥210

5/30　　平均単価@¥210で払い出す。

2．先入先出法：先に仕入れたものから順に販売したものとして払出単価を決定する。

① 月末商品棚卸高

100 個（前月繰越）+ 100 個（5/7）+ 80 個（5/14）+ 50 個（5/27）

= 330 個（受入数量）

80 個（5/10）+ 100 個（5/20）+ 70 個（5/30）= 250 個（払出数量）

330 個 − 250 個 = 80 個（期末数量）

仕入日時が新しいものが残っているとする。

80 個 {50 個（5/27）× @¥212 = ¥10,600
　　　 30 個（5/14）× @¥215 = ¥ 6,450
　　　　　　　　　　　　　　　¥17,050

② 売上原価

100 個（前月繰越）× @¥200 + 100 個（5/7）× @¥210

+（80 個（5/14）− 30 個）× ¥@215 = ¥51,750

③ 売上高

80 個（5/10）× @¥380 + 100 個（5/20）× @¥385 + 70 個（5/30）×

@¥390 = ¥96,200

④ 売上総利益

¥96,200（③）− ¥51,750（②）= ¥44,450

第3問の解答（30 点） ☐ 各 3 点

合計残高試算表

平成 25 年 5 月 31 日

借方		勘定科目	貸方	
残高	合計		合計	残高
465,000	1,215,000	現金	750,000	
496,500	2,260,000	当座預金	1,763,500	
140,000	480,000	受取手形	340,000	
214,000	1,055,000	売掛金	841,000	
250,000	250,000	繰越商品		
300,000	300,000	備品		
	300,000	支払手形	430,000	130,000
	844,500	買掛金	905,000	60,500
	5,000	預り金	6,000	1,000
	300,000	借入金	900,000	600,000
		資本金	1,100,000	1,100,000
	61,000	売上	2,395,000	2,334,000
1,760,500	1,785,000	仕入	24,500	
370,000	370,000	給料		
187,500	187,500	支払家賃		
30,000	30,000	水道光熱費		
12,000	12,000	（支払利息）		
4,225,500	9,455,000		9,455,000	4,225,500

売掛金明細表

	5 月25日	5 月31日
神奈川商店	¥ 150,000	¥ 134,000
埼玉商店	100,000	80,000
	¥ 250,000	¥ 214,000

買掛金明細表

	5 月25日	5 月31日
千葉商店	¥ 90,000	¥ 31,000
茨城商店	60,000	29,500
	¥ 150,000	¥ 60,500

第3問の解説

（B） 取引の仕訳（売掛金，買掛金は商品ごとに行う。）

26日	（借方）	仕入	55,000	（貸方）	買掛金・千葉	55,000
		仕入	50,000		買掛金・茨城	50,000
		仕入	20,000		支払手形	20,000
27日	（借方）	買掛金・千葉	4,000	（貸方）	仕入	4,000
		買掛金・茨城	500		仕入	500
		売掛金・神奈川	60,000		売上	60,000
28日	（借方）	売掛金・埼玉	45,000	（貸方）	売上	45,000
		受取手形	30,000		売上	30,000
		買掛金・千葉	50,000		当座預金	50,000
		買掛金・茨城	40,000		当座預金	40,000
29日	（借方）	売上	1,000	（貸方）	売掛金・神奈川	1,000
30日	（借方）	現金	75,000	（貸方）	売掛金・神奈川	75,000
		現金	65,000		売掛金・埼玉	65,000
		水道光熱費	5,000		当座預金	5,000
31日	（借方）	給料	70,000	（貸方）	預り金	1,000
					当座預金	69,000
		支払家賃	37,500		当座預金	37,500
		当座預金	75,000		現金	75,000
		買掛金・千葉	60,000		支払手形	60,000
		買掛金・茨城	40,000		受取手形	40,000
		支払手形	50,000		当座預金	50,000
		借入金	300,000		当座預金	312,000
		支払利息	12,000			

（A）の合計試算表と（B）の取引の仕訳の金額を合計し，合計欄へ記入する。そして，各勘定科目ごとに貸借差額を計算し，残高欄（合計金額の多い方）に記入する。売掛金・買掛金明細表は各商店ごとに上記仕訳を加減して求める。また，売掛金残高と売掛金明細表の5月31日の合計金額および買掛金残高と買掛金明細表の5月31日の合計金額は一致する。

第4問の解答（10点）各2点

①	②	③	④	⑤
出金	27,000	売掛金	振替	売掛金

第4問の解説

（1） ① 取引の仕訳

（借方）	仕　入	27,000	（貸方）	現　金	10,000
	買掛金	17,000			

② 仕入伝票：いったん全て掛仕入れとする仕訳

（借方）	仕　入	27,000	（貸方）	買掛金	27,000

③ 出金伝票：現金支払分の仕訳

（借方）	買掛金	10,000	（貸方）	現　金	10,000

（2） ① 取引の仕訳

（借方）	受取手形	33,000	（貸方）	売　上	40,000
	現　金	7,000			

② 売上伝票：いったん全て掛売り上げとする仕訳

（借方）	売掛金	40,000	（貸方）	売　上	40,000

③ 振替伝票：手形売上分の仕訳

（借方）	受取手形	33,000	（貸方）	売掛金	33,000

④ 入金伝票：現金売上分の仕訳

（借方）	現　金	7,000	（貸方）	売掛金	7,000

第5問の解答（30点）　□ 各3点

精　算　表

勘定科目	試算表		修正記入		損益計算書		貸借対照表	
	借方	貸方	借方	貸方	借方	貸方	借方	貸方
現金	55,700						55,700	
当座預金	196,300						196,300	
受取手形	355,600						355,600	
売掛金	571,400			7,000			564,400	
売買目的有価証券	158,000			12,000			146,000	
繰越商品	293,000		270,000	293,000			270,000	
建物	2,500,000						2,500,000	
備品	900,000						900,000	
支払手形		368,100						368,100
買掛金		225,900						225,900
借入金		1,200,000						1,200,000
貸倒引当金		14,500	7,000	20,100				27,600
建物減価償却累計額		750,000		75,000				825,000
備品減価償却累計額		300,000		150,000				450,000
資本金		1,902,500						1,902,500
売上		4,415,000				4,415,000		
受取手数料		36,000		12,000		48,000		
受取配当金		12,000				12,000		
仕入	2,823,000			2,823,000				
給料	1,139,000				1,139,000			
消耗品費	67,000			5,000	62,000			
支払保険料	129,000			86,000	43,000			
支払利息	36,000		18,000		54,000			
	9,224,000	9,224,000						
売上原価			293,000	270,000	2,846,000			
			2,823,000					
貸倒引当金（繰入）			20,100		20,100			
有価証券評価（損）			12,000		12,000			
減価償却費			225,000		225,000			
（消耗品）			5,000				5,000	
（未収）手数料			12,000				12,000	
（前払）保険料			86,000				86,000	
（未払）利息				18,000				18,000
当期純（利益）					73,900			73,900
			3,771,100	3,771,100	4,475,000	4,475,000	5,091,000	5,091,000

第5問の解説

以下の仕訳を精算表修正記入欄で行う。

資料Ⅰ

（借方） 貸倒引当金 7,000 （貸方） 売掛金 7,000

資料Ⅱ

1．（借方） 売上原価 293,000 （貸方） 繰越商品 293,000
　　　売上原価 2,823,000 　　　仕　入 2,823,000
　　　繰越商品 270,000 　　　売上原価 270,000

2．（借方） 貸倒引当金繰入 20,100 （貸方） 貸倒引当金 20,100

¥355,600（受取手形）+ ¥571,400（売掛金）− ¥7,000（資料Ⅰ）
= ¥920,000

¥920,000 × 3 % = ¥27,600（貸倒見積額）

¥27,600 −（¥14,500（貸倒引当金）− ¥7,000（資料Ⅰ））
= ¥20,100（貸倒引当金繰入額）

3．（借方） 有価証券評価損 12,000 （貸方） 売買目的有価証券 12,000

¥158,000（帳簿価額）＞ ¥146,000（時価） → 差額¥12,000（損）

4．（借方） 減価償却費 225,000 （貸方） 建物減価償却累計額 75,000
　　　　　　　備品減価償却累計額 150,000

建物　$¥2,500,000 \times 0.9 \times \frac{1年}{30年} = ¥75,000$

備品　$¥900,000 \times \frac{1年}{6年} = ¥150,000$

5．（借方） 消耗品 5,000 （貸方） 消耗品費 5,000

購入時，消耗品費勘定で処理しているので，未使用分を消耗品勘定へ振り替える。

6．（借方） 未収手数料 12,000 （貸方） 受取手数料 12,000

7．（借方） 前払保険料 86,000 （貸方） 支払保険料 86,000

$¥129,000 \times \frac{8ヵ月（1/1〜8/31）}{12ヵ月} = ¥86,000$

8．（借方） 支払利息 18,000 （貸方） 未払利息 18,000

第135回　簿記検定試験（平成25年11月17日施行）

第1問（20点）

下記の取引について仕訳しなさい。ただし，勘定科目は，次の中から最も適当と思われるものを選ぶこと。

現金	当座預金	受取手形	売掛金
前払金	立替金	未収金	土地
建物	備品	買掛金	当座借越
支払手形	前受金	手形借入金	備品減価償却累計額
所得税預り金	引出金	固定資産売却損	仕入
減価償却費	手形売却損	租税公課	支払手数料
通信費	雑益	雑損	受取手数料
現金過不足	固定資産売却益		

1．決算日において，現金過不足（不足額）¥14,200の原因をあらためて調査した結果，通信費¥18,000の支払い，および手数料の受取額¥6,000の記入もれが判明した。残りの金額は原因が不明であったので，適切な処理を行う。
2．さきに受け取っていた宮城商店振出し，仙台商店引受けの為替手形¥430,000を，取引銀行で割り引き，割引料¥2,150を差し引かれ，手取金が当座預金に振り込まれた。
3．不用となった備品（取得原価¥200,000，減価償却累計額¥144,000，間接法で記帳）を期首に処分し，売却代金¥50,000は，後日，受け取ることとした。
4．土地と建物に対する固定資産税¥240,000の納税通知書を受け取り，第1期分¥60,000を当座預金の口座振替により納付した。このうち事業用の割合は60%であり，店主用の割合は40%である。
5．会津商店から商品¥680,000を仕入れ，代金は小切手を振り出して支払った。なお，当座預金の残高は¥520,000であるが，借越限度額¥2,000,000の当座借越契約を結んでいる。

第2問（10点）

大阪商店の平成25年10月中の取引は次のとおりであった。それぞれの日付の取引が，答案用紙に示したどの補助簿に記入されるか，該当する補助簿の欄に○印を付して答えなさい。

4日　京都商店から商品￥400,000を仕入れ，代金は掛けとした。

9日　奈良商店に商品￥375,000（原価￥300,000）を売り渡し，代金のうち￥175,000は同店振出しの約束手形で受け取り，残額は掛けとした。なお，発送費￥5,000は現金で支払った。

18日　京都商店から，同店に対する掛代金￥300,000の支払いとして，兵庫商店受取り，当店あての為替手形が振り出されたため，これを引き受けた。

23日　奈良商店に対する掛代金￥100,000が当座預金口座に振り込まれたと，取引銀行より連絡があった。

31日　京都商店に対する掛代金￥100,000の支払いとして，奈良商店あてに為替手形を振り出し，引受けを得て，京都商店に渡した。

第3問（30点）

次の資料（A）および（B）にもとづいて，答案用紙の平成25年1月31日の合計残高試算表を作成しなさい。会計期間は1年，決算日は12月31日である。

（A）平成 24 年 12 月 31 日の貸借対照表

貸借対照表

平成 24 年 12 月 31 日

資　　産	金　　額	負債・純資産	金　　額
現　　　　金	76,800	支　払　手　形	82,000
当　座　預　金	438,500	買　　掛　　金	107,000
受　取　手　形	150,000	前　　受　　金	25,000
売　　掛　　金	220,000	借　　入　　金	300,000
売買目的有価証券	46,000	貸　倒　引　当　金	11,100
商　　　　品	93,000	備品減価償却累計額	320,000
前　払　保　険　料	4,000	資　　本　　金	950,000
備　　　　品	800,000	当　期　純　利　益	33,200
	1,828,300		1,828,300

（B）平成 25 年 1 月中の取引

1 日　再振替仕訳を行う。

4 日　商品￥70,000 を売り上げ，代金のうち￥25,000 はすでに受け取っていた手付金と相殺し，残額は掛けとした。

7 日　商品￥120,000 を仕入れ，代金のうち￥70,000 は小切手を振り出して支払い，残額は掛けとした。また，商品の引取運賃（当店負担）￥1,500 は現金で支払った。

8 日　買掛金￥40,000 を支払うため，同額の約束手形を振り出して，仕入先に渡した。

10日　商品￥100,000 を売り上げ，代金のうち￥60,000 は得意先振出しの為替手形（引受済）で受け取り，残額は掛けとした。

15日　10 日に売り上げた商品の一部に汚損品があったため，￥5,000 の値引きを行い，掛代金から差し引いた。

17日　売買目的で保有している株式（簿価￥30,000）を￥33,000 で売却し，代金は相手先振出しの小切手で受け取った。

21日　商品￥80,000 を仕入れ，代金のうち￥50,000 は，かねて受け取っていた当店あての約束手形を裏書譲渡し，残額は掛けとした。

23日　商品￥100,000 の注文を受け，手付金として￥20,000 を現金で受け取った。

25日　従業員への給料￥50,000について，所得税の源泉徴収額￥5,000を差し引き，手取金を当座預金口座から支払った。

28日　得意先より売掛金￥150,000の決済代金が当座預金口座に振り込まれた。

29日　当店振出しの約束手形￥50,000の決済代金を当座預金口座から支払った。

31日　売買目的で株式を￥20,000で買い入れ，代金は買入手数料￥600とともに翌月に支払うことにした。

第4問（8点）

当店は，決算（年1回，12月31日）にさいし，売上原価勘定を用いて売上原価を算定している。この方法により，答案用紙の繰越商品勘定および売上原価勘定に必要な記入を行い，締め切るとともに，繰越商品勘定については開始記入もあわせて行いなさい。ただし，当店の当期商品仕入高は￥2,900,000，期末商品棚卸高は￥200,000である。

第5問（32点）

次の［未処理事項］と［決算整理事項］にもとづいて，答案用紙の精算表を完成しなさい。会計期間は，1月1日から12月31日までの1年間である。

[未処理事項]

1．仮払金￥40,000は，従業員の出張に伴う旅費交通費を概算で支払ったものであるが，従業員は12月末までに出張から戻り，このうち￥28,000を使用し，残額は現金にて返金されたが，この取引の記帳がまだ行われていない。

2．当期に発生した売掛金のうち￥50,000は，その取引先が倒産したため，その全額を貸倒れとして処理すべきであったが，その記帳がまだ行われていない。

[決算整理事項]

1．受取手形と売掛金の期末残高に対して，差額補充法により2％の貸倒引当金を設定する。

2．売買目的有価証券の内訳は，次のとおりであった。

	取得原価	決算日の時価
A社株式	¥ 98,000	¥101,000
B社株式	¥106,000	¥100,000
C社社債	¥108,000	¥109,000

3．商品の期末棚卸高は，¥310,500であった。売上原価は「仕入」の行で計算する。

4．消耗品の棚卸を行ったところ，未使用の残高が¥15,000あった。

5．備品については耐用年数10年，車両運搬具については耐用年数5年，残存価額はそれぞれ取得原価の10％として，定額法により毎期減価償却を行っている。

6．販売活動についての受取手数料¥20,000が，12月31日現在で未収となっている。

7．11月分から翌年1月分までの事務所賃借についての家賃¥165,000は，11月に支払われたが，全額を支払家賃の中に含めて計上している。

8．借入金の利率は年4％であり，半年ごと（3月末と9月末）に支払うことになっているが，利息のうち10月から12月までの期間が未払となっている。なお，利息の計算は月割りによる。

第1問（20点）

	仕訳			
	借方科目	金額	貸方科目	金額
1				
2				
3				
4				
5				

第2問（10点）

日付＼帳簿		現金出納帳	当座預金出納帳	商品有高帳	売掛金元帳（得意先元帳）	買掛金元帳（仕入先元帳）	仕入帳	売上帳	受取手形記入帳	支払手形記入帳
10	4									
	9									
	18									
	23									
	31									

第3問（30点）

合計残高試算表

平成25年1月31日

借方		勘定科目	貸方	
残高	合計		合計	残高
		現金		
		当座預金		
		受取手形		
		売掛金		
		売買目的有価証券		
		繰越商品		
		前払保険料		
		備品		
		支払手形		
		買掛金		
		前受金		
		未払金		
		所得税預り金		
		借入金		
		貸倒引当金		
		備品減価償却累計額		
		資本金		
		売上		
		有価証券売却益		
		仕入		
		給料		
		支払保険料		

第4問（8点）

繰越商品

平成24年	摘要	借方	平成24年	摘要	貸方
1/ 1	前期繰越	100,000	12/31		
12/31			〃		

売上原価

12/31			12/31		
〃			〃		

第5問（32点）

精　　算　　表

勘定科目	残高試算表		修正記入		損益計算書		貸借対照表	
	借　方	貸　方	借　方	貸　方	借　方	貸　方	借　方	貸　方
現　金	100,000							
当座預金	279,000							
受取手形	300,000							
売掛金	450,000							
売買目的有価証券	312,000							
繰越商品	360,050							
消耗品	54,000							
仮払金	40,000							
備　品	300,000							
車両運搬具	500,000							
借入金		1,000,000						
買掛金		250,200						
前受金		120,000						
貸倒引当金		12,000						
備品減価償却累計額		81,000						
車両運搬具減価償却累計額		225,000						
資本金		1,000,000						
売　上		4,820,980						
受取手数料		220,000						
仕　入	3,210,000							
給　料	1,080,000							
支払家賃	650,000							
旅費交通費	62,130							
支払利息	32,000							
	7,729,180	7,729,180						
貸倒損失								
貸倒引当金（　）								
有価証券評価（　）								
減価償却費								
消耗品費								
未収手数料								
（　）家賃								
（　）利息								
当期純（　）								

問題の解答・解説

この解答例は，当社で作成したものです。

第1問の解答（20点）各4点

	仕訳			
	借方科目	金額	貸方科目	金額
1	通信費 雑損	18,000 2,200	現金過不足 受取手数料	14,200 6,000
2	当座預金 手形売却損	427,850 2,150	受取手形	430,000
3	備品減価償却累計額 未収金 固定資産売却損	144,000 50,000 6,000	備品	200,000
4	租税公課 引出金	36,000 24,000	当座預金	60,000
5	仕入	680,000	当座預金 当座借越	520,000 160,000

第1問の解説

1．現金過不足が判明したときに

（借方）現金過不足　14,200　　（貸方）現金　14,200

の仕訳が行われている。

したがって，現金過不足勘定を貸方に記入し，原因の判明した通信費勘定を借方に，受取手数料勘定を貸方に記入し，原因不明分は，雑損勘定として借方に記入する。

2．手形を割引く場合の仕訳は，受取手形勘定を貸方に記入し，手取金を当座預金勘定の借方に記入し，割引料は手形売却損勘定の借方に記入する。

3．固定資産を売却した場合の仕訳は，備品勘定を貸方に取得原価で記入し，減価償却累計額勘定の残高を借方に記入する。そして，帳簿価格と売却価額の差額が固定資産売却損となる。また，備品を売却して代金を受け取っていないので，未収金勘定（借方）を用いる。

¥200,000（取得原価）－¥144,000（減価償却累計額）＝¥56,000（帳簿価額）

¥56,000 − ¥50,000（売却価額）= ¥6,000（固定資産売却損）

4．固定資産税のうち，事業用分は租税公課勘定の借方に，店主用分は引出金勘定の借方に記入する。

¥60,000（固定資産税）× 60% = ¥36,000（事業用分）

¥60,000（固定資産税）× 40% = ¥24,000（店主用分）

5．商品を仕入れ小切手を振り出して支払ったが，当座預金残高が不足する場合，不足分は当座借越勘定の貸方に記入する。

¥680,000（小切手振出分）− ¥520,000（当座預金残高）= ¥160,000（当座借越）

第2問の解答（10点）　□ 各2点

日付		現金出納帳	当座預金出納帳	商品有高帳	売掛金元帳（得意先元帳）	買掛金元帳（仕入先元帳）	仕入帳	売上帳	受取手形記入帳	支払手形記入帳
10	4			○		○	○			
	9	○		○	○			○	○	
	18					○				○
	23		○		○					
	31				○	○				

第2問の解説

取引の仕訳

4日	（借方）	仕　入	400,000	（貸方）	買掛金	400,000
9日	（借方）	受取手形	175,000	（貸方）	売　上	375,000
		売掛金	200,000		現　金	5,000
		発送費	5,000			
18日	（借方）	買掛金	300,000	（貸方）	支払手形	300,000
23日	（借方）	当座預金	100,000	（貸方）	売掛金	100,000
31日	（借方）	買掛金	100,000	（貸方）	売掛金	100,000

元帳の勘定科目と記入する補助簿の関係

現金勘定 ――→ 現金出納帳

当座預金勘定 ――→ 当座預金出納帳

売掛金勘定 ――→ 売掛金元帳（得意先元帳）

買掛金勘定 ――→ 買掛金元帳（仕入先元帳）

仕入勘定 ――→ 仕入帳，商品有高帳

売 上 勘 定 ——→ 売上帳，商品有高帳
受取手形勘定 ——→ 受取手形記入帳
支払手形勘定 ——→ 支払手形記入帳

第3問の解答（30点） □ 各2点

合計残高試算表

平成25年1月31日

借方 残高	借方 合計	勘定科目	貸方 合計	貸方 残高
128,300	129,800	現金	1,500	
423,500	588,500	当座預金	165,000	
160,000	210,000	受取手形	50,000	
150,000	305,000	売掛金	155,000	
36,600	66,600	売買目的有価証券	30,000	
93,000	93,000	繰越商品		
	4,000	前払保険料	4,000	
800,000	800,000	備品		
	50,000	支払手形	122,000	72,000
	40,000	買掛金	187,000	147,000
	25,000	前受金	45,000	20,000
		未払金	20,600	20,600
		所得税預り金	5,000	5,000
		借入金	300,000	300,000
		貸倒引当金	11,100	11,100
		備品減価償却累計額	320,000	320,000
		資本金	983,200	983,200
	5,000	売上	170,000	165,000
		有価証券売却益	3,000	3,000
201,500	201,500	仕入		
50,000	50,000	給料		
4,000	4,000	支払保険料		
2,046,900	2,572,400		2,572,400	2,046,900

第3問の解説

（B）取引の仕訳

1日	（借方）支払保険料	4,000	（貸方）前払保険料	4,000
4日	（借方）前受金	25,000	（貸方）売上	70,000
	売掛金	45,000		
7日	（借方）仕入	121,500	（貸方）当座預金	70,000
			買掛金	50,000
			現金	1,500

引取運賃（当店負担）は，仕入勘定に含めて処理する。

8日	（借方）買掛金	40,000	（貸方）支払手形	40,000
10日	（借方）受取手形	60,000	（貸方）売上	100,000
	売掛金	40,000		
15日	（借方）売上	5,000	（貸方）売掛金	5,000
17日	（借方）現金	33,000	（貸方）売買目的有価証券	30,000
			有価証券売却益	3,000

¥33,000（売却価額）－¥30,000（簿価）＝¥3,000（売却益）

21日	（借方）仕入	80,000	（貸方）受取手形	50,000
			買掛金	30,000
23日	（借方）現金	20,000	（貸方）前受金	20,000
25日	（借方）給料	50,000	（貸方）所得税預り金	5,000
			当座預金	45,000
28日	（借方）当座預金	150,000	（貸方）売掛金	150,000
29日	（借方）支払手形	50,000	（貸方）当座預金	50,000
31日	（借方）売買目的有価証券	20,600	（貸方）未払金	20,600

買入手数料は，取得原価に含めて処理する。

（A）の貸借対照表と（B）の取引の仕訳の金額を合計し，合計欄へ記入する。そして，各勘定科目ごとに貸借差額を計算し，残高欄（合計金額の多い方）に記入する。

資本金勘定　貸方の金額

¥950,000（（A）資本金）＋¥33,200（（A）当期純利益）＝¥983,200

第4問の解答（8点）　□ 各2点

繰越商品

平成24年	摘要	借方	平成24年	摘要	貸方
1/ 1	前期繰越	100,000	12/31	売上原価	100,000
12/31	売上原価	200,000	〃	次期繰越	200,000
		300,000			300,000
1/ 1	前期繰越	200,000			

売上原価

12/31	繰越商品	100,000	12/31	繰越商品	200,000
〃	仕入	2,900,000	〃	損益	2,800,000
		3,000,000			3,000,000

第4問の解説

売上原価勘定で，売上原価を算定する場合の仕訳

（借方）売上原価　100,000　（貸方）繰越商品　100,000

（借方）売上原価　2,900,000　（貸方）仕　入　2,900,000

（借方）繰越商品　200,000　（貸方）売上原価　200,000

売上原価勘定の貸借差額を損益勘定へ振り替える仕訳

（借方）損　益　2,800,000　（貸方）売上原価　2,800,000

繰越商品勘定は，期末商品棚卸高を次期繰越として締め切り，前期繰越として開始記入を行う。

第5問の解答（32点） □ 各3点，⬚ 2点

精　　算　　表

勘定科目	残高試算表		修正記入		損益計算書		貸借対照表	
	借方	貸方	借方	貸方	借方	貸方	借方	貸方
現金	100,000		12,000				112,000	
当座預金	279,000						279,000	
受取手形	300,000						300,000	
売掛金	450,000			50,000			400,000	
売買目的有価証券	312,000			2,000			310,000	
繰越商品	360,050		310,500	360,050			310,500	
消耗品	54,000			39,000			15,000	
仮払金	40,000			40,000				
備品	300,000						300,000	
車両運搬具	500,000						500,000	
借入金		1,000,000						1,000,000
買掛金		250,200						250,200
前受金		120,000						120,000
貸倒引当金		12,000		2,000				14,000
備品減価償却累計額		81,000		27,000				108,000
車両運搬具減価償却累計額		225,000		90,000				315,000
資本金		1,000,000						1,000,000
売上		4,820,980				4,820,980		
受取手数料		220,000		20,000		240,000		
仕入	3,210,000		360,050	310,500	3,259,550			
給料	1,080,000				1,080,000			
支払家賃	650,000			55,000	595,000			
旅費交通費	62,130		28,000		90,130			
支払利息	32,000		10,000		42,000			
	7,729,180	7,729,180						
貸倒損失			50,000		50,000			
貸倒引当金（繰入）			2,000		2,000			
有価証券評価（損）			2,000		2,000			
減価償却費			117,000		117,000			
消耗品費			39,000		39,000			
未収手数料			20,000				20,000	
（前払）家賃			55,000				55,000	
（未払）利息				10,000				10,000
当期純（損失）						215,700	215,700	
			1,005,550	1,005,550	5,276,680	5,276,680	2,817,200	2,817,200

第５問の解説

以下の仕訳を精算表修正記入欄で行う。

未処理事項の仕訳

1．（借方）旅費交際費　28,000　（貸方）仮払金　40,000
　　　　　現　　　金　12,000

2．（借方）貸 倒 損 失　50,000　（貸方）売掛金　50,000
　　　　　当期発生売掛金の貸倒れの場合，貸倒損失勘定で処理する。

決算整理事項

1．（借方）貸倒引当金繰入　2,000　（貸方）貸倒引当金　2,000
　　　　　¥300,000（受取手形）+ ¥450,000（売掛金）
　　　　　　　　　　　　− ¥50,000（未処理事項２）= ¥700,000
　　　　　¥700,000× ２％ = ¥14,000（貸倒見積額）
　　　　　¥14,000 − ¥12,000（貸倒引当金）= ¥2,000（貸倒引当金繰入額）

2．（借方）有価証券評価損　2,000　（貸方）売買目的有価証券　2,000

	時価		取得原価	差額
Ａ社株式	¥101,000	＞	¥98,000	¥3,000（益）
Ｂ社株式	¥100,000	＜	¥106,000	¥6,000（損）
Ｃ社社債	¥109,000	＞	¥108,000	¥1,000（益）
				¥2,000（損）

3．（借方）仕　　入　360,050　（貸方）繰越商品　360,050
　　　　　繰越商品　310,500　　　　　仕　　入　310,500

4．（借方）消耗品費　39,000　（貸方）消 耗 品　39,000
　　　　　購入時，消耗品勘定で処理しているので，使用分を消耗品費勘定へ振り替える。
　　　　　¥54,000（消耗品）− ¥15,000（未使用分）= ¥39,000（使用分）

5．（借方）減価償却費　117,000　　（貸方）備品減価償却累計額　27,000
車両運搬具減価償却累計額　90,000

備　　　品　$¥300,000 \times 0.9 \times \frac{1年}{10年} = ¥27,000$

車両運搬具　$¥500,000 \times 0.9 \times \frac{1年}{5年} = ¥90,000$

6．（借方）未収手数料　20,000　　（貸方）受取手数料　20,000

7．（借方）前払家賃　55,000　　（貸方）支払家賃　55,000

$¥165,000 \times \frac{1ヵ月（1月分）}{3ヵ月（11月〜1月分）} = ¥55,000$

8．（借方）支払利息　10,000　　（貸方）未払利息　10,000

$¥1,000,000（借入金）\times 4\% \times \frac{3ヵ月（10月〜12月まで）}{12ヵ月} = ¥10,000$

執筆者

井手　健二
小田　智宏
原　　秀一
村山　友美
山本　公敏
張　　　燁
奥村　正郎

簿記—日商3級試験の解法—

2014年4月30日　第1版第1刷発行
2014年9月10日　第1版第2刷発行

編著者　奥村　正郎

発行者　田中　千津子
発行所　㈱学文社

〒153-0064　東京都目黒区下目黒3-6-1
電話　03（3715）1501㈹
FAX　03（3715）2012
http://www.gakubunsha.com

印刷　新灯印刷（株）

ISBN978-4-7620-2456-6